금 융 문 해 력 을 키우는 ─── 교과서 밖

진짜
돈 공부

금융 문해력을 키우는
교과서 밖 진짜 돈 공부

초판 1쇄 발행 2026년 4월 20일

지은이 천윤정
펴낸이 이지은 **펴낸곳** 팜파스
기획편집 박선희
디자인 조성미
마케팅 김서희, 김민경

출판등록 2002년 12월 30일 제 10-2536호
주소 서울특별시 마포구 어울마당로5길 18 팜파스빌딩 2층
대표전화 02-335-3681 **팩스** 02-335-3743
홈페이지 www.pampasbook.com | blog.naver.com/pampasbook
이메일 pampasbook@naver.com

값 16,800원
ISBN 979-11-7026-751-5 (43320)

금 융
문 해 력
을 키우는 —

교과서 밖
진짜
돈 공부

천윤정 지음

비트코인
핀테크
블록체인
스테이블코인

팜파스

들어
가며

우리는 돈 없이 살아갈 수 없습니다. 돈은 우리의 삶 사이를 누비며 사람들을 쥐락펴락합니다. 한곳에 가만히 머무르지 않고, 여유 있는 사람에게서 필요한 사람에게로, 다시 또 다른 곳으로 끊임없이 흐르며 이동하지요. 이렇게 돈이 흘러가는 모든 과정을 금융이라고 합니다.

그렇다면 금융은 어디에서 이뤄질까요? 바로 물건이 필요한 사람과 물건을 파는 사람이 시장에서 만나듯, 금융 시장이란 무대에서 펼쳐집니다. 금융 시장에서는 은행 같은 금융 기관이 돈을 맡기는 사람과 빌리는 사람을 연결합니다. 우리가 저금이란 이름으로 은행에 돈을 맡기면 돈이 필요한 사람이나 기업이 그 돈을 빌려 쓰지요. 돈을 빌려 간 자들은 은행에 이자를 내고요. 은행은 그 이자 수익의 일부를 다시 우리에게 예금 이자로 돌려줍니다. 즉, 은행은 돈이 꼭 필요한 곳으로 막힘없이 흘러갈 수 있게 길을 터 주는 셈이지요. 이 모든 과정이 매끄럽게 돌아가는 이유는 단 하나, '돈'과 그 돈을 관리하는 '은행'이 항상 안전할 거라고 우리가 믿고 있기 때문입니다.

금융은 이렇게 믿음을 바탕으로 움직입니다. 우리는 은행이 우리 돈을 잘 보관해 줄 것이라 믿고, 내가 누구에게 얼마를 보냈는지도 정확하게 기록해 줄 거라 믿지요. 이는 곧 금융 시스템 전체에 대한 믿음으로 이어집니다. 덕분에 우리는 서로 얼굴을 보지 않고도 돈을 보내고, 빌리고, 투자할 수 있어요. 하지만 때로는 이 믿음을 뒤흔드는 일들이 벌어집니다. 사람들이 한꺼번에 은행에 맡긴 돈을 찾으려고 몰리는 뱅크런이 발생하기도 하고, 절대 무너지지 않을 것 같던 대형 은행이 파산하기도 합니다. 나라가 물가나 화폐 가치를 제대로 관리하지 못해 돈의 값어치가 떨어지는 경우도 있고요. 전쟁과 같은 극단적인 상황에서 내가 가진 돈이 갑자기 제 역할을 하지 못하게 되기도 합니다.

　동시에 과학 기술이 비약적으로 발전하면서 현재는 금융 시장과 금융 시스템의 모습 자체가 바뀌고 있지요. 은행을 직접 찾아가야 금융 활동을 할 수 있었던 예전과 달리, 이제는 스마트폰으로 대부분 은행 일을 볼 수 있거든요. 여기서 한 발 더 나아가, 거래 기록을 남기고 관리하는 방식 자체를 아예 통째로 바꾸려는 놀라운 기술도 등장했지요. 바로 '블록체인'입니다.

블록체인이라니. 대부분은 비트코인이나 모바일 건강보험증을 통해 이 단어를 접했을 겁니다. 하지만 아직 우리는 이 기술이 정확히 어떤 기술인지, 왜 이 기술만 있으면 은행 없이도 안전하게 금융 거래를 할 수 있다는 것인지 이해하기 어렵습니다. 일부 사람들은 블록체인이 주로 암호 화폐를 만드는 데만 쓰이는데, 그 암호 화폐조차 투기나 사기에 가깝다고 비판하기도 하고요. 반대로 블록체인이 새로운 금융 생태계를 만들어 갈 수 있다고 믿는 사람들도 있습니다.

이처럼 새로운 기술이 등장하면 사람들 사이에 기대하는 목소리와 걱정하는 목소리가 함께 나오기 마련입니다. 그렇기 때문에 어떤 기술이 널리 사용되기 전에 누구나 그 기술에 대해 자유롭게 이야기하고 토론할 수 있어야 합니다. 기술을 실제로 사용하는 것은 바로 특정 전문가들이 아닌 여러분을 포함한 우리 모두일 테니까요. 특히 금융은 우리 삶과 가장 밀접한 영역입니다. 우리가 땀 흘려 번 돈을 어떻게 관리하고 거래할지의 문제는 결코 전문가들만의 전유물이 되어서는 안 됩니다. 우리가 모두 이 변화를 이해하고 목소리를 낼

수 있을 때, 비로소 기술은 우리를 위한 방향으로 발전할 것입니다.

따라서 이 책이 여러분에게 금융의 미래와 블록체인 기술의 의미, 장단점, 한계와 기대를 알고 이야기할 수 있는 계기가 되기를 바랍니다. 블록체인이 무엇인지, 금융 세상에서 이게 왜, 어떤 식으로 이용될지 알게 된다면, 이 기술을 바라보는 명확한 기준을 세울 수 있겠지요. 사용자로서 더 안전하고 편리한 방향을 요구하고 제안할 수 있을 것이고요. 잘못 사용될 때 논리적으로 비판할 힘도 갖게 될 것입니다. 앞으로 블록체인에 대해서 함께 살피며, '이게 무엇이고 왜 가능하지?'라는 질문이 '이 기술을 어떻게 사용해야 할까?'라는 생각으로 자연스럽게 이어지길 바랍니다. 이를 통해 끊임없이 변화하는 금융 생태계 속에서, 여러분이 자신만의 단단한 목소리를 낼 수 있기를 진심으로 응원하겠습니다.

천윤정

차 례

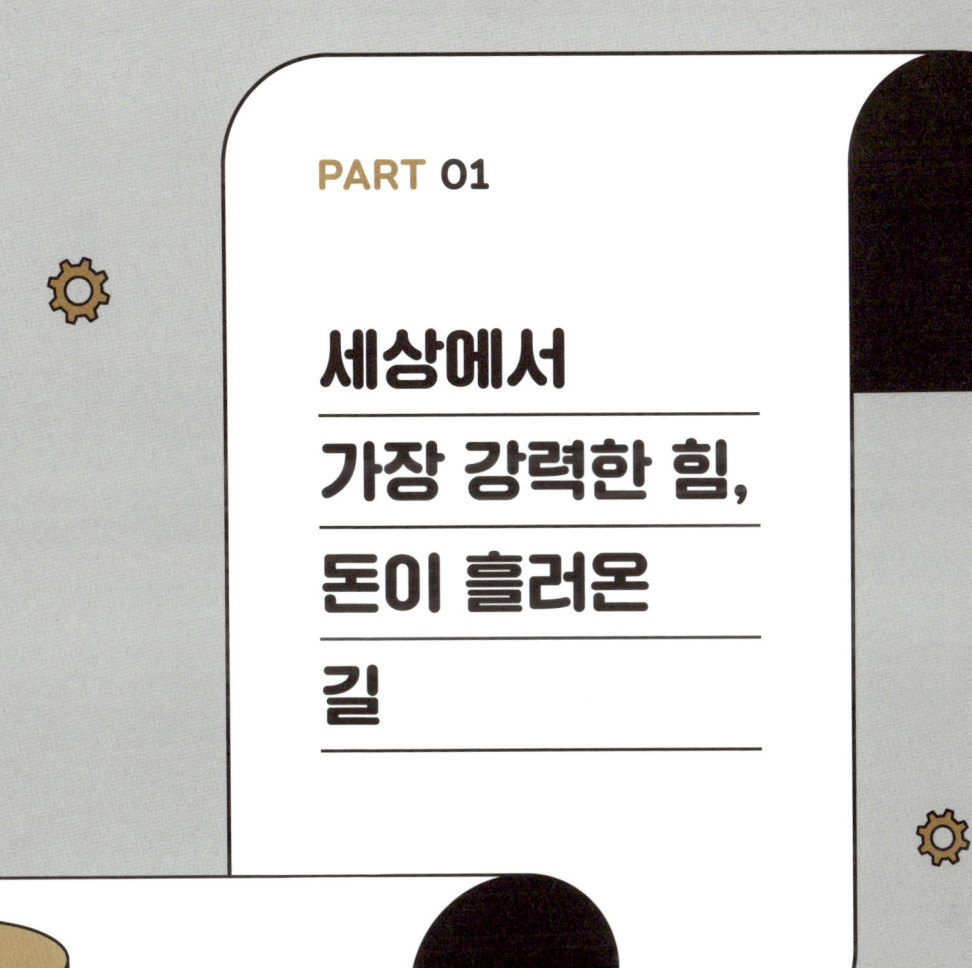

PART 01

세상에서
가장 강력한 힘,
돈이 흘러온
길

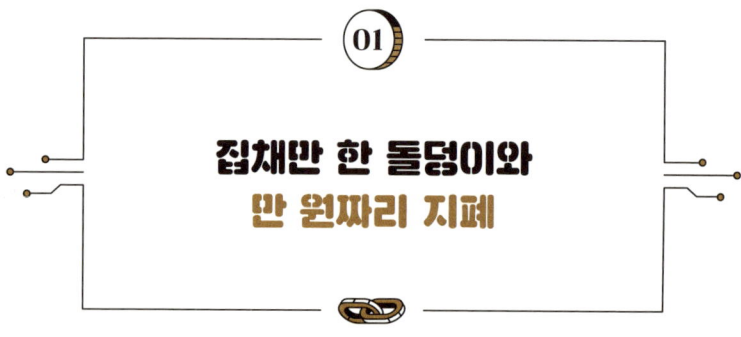

01

집채만 한 돌덩이와
만 원짜리 지폐

매년 설날 아침이면 여러분은 집안 어른들께 세배를 합니다. 어른들은 새해 덕담과 함께 세뱃돈을 주시지요. 세종대왕이 그려진 초록빛깔 1만 원권, 신사임당이 그려진 노란 5만 원권, 퇴계 이황이 있는 푸른색 1천 원권, 율곡 이이가 있는 주황색 5천 원권 등. 각 지폐에 담긴 경제적 가치는 다르지만, 세뱃돈을 주는 어른들 마음은 똑같습니다. 여러분의 건강과 행복을 이 얇고 빳빳한 종잇조각으로 기원하는 것이지요.

세뱃돈으로 여러분은 갖고 싶은 물건을 사거나 친구들과 맛있는 것을 먹는 데 쓸 수 있어요. 혹은 고스란히 은행에 저축할 수도 있지요. 은행은 여러분이 맡긴 소중한 세뱃돈을 돈이 필요한 사람이나

기업에게 빌려주고(대출), 돈을 빌려간 이들이 그 돈(원금)을 다 갚을 때까지 '이자'를 받습니다. 그리고 은행에 세뱃돈을 맡긴 여러분에게 이 이자 일부를 나누어 줍니다. 그러면 여러분은 결과적으로 은행에 맡긴 돈보다 더 많은 돈(세뱃돈+이자)을 받게 되지요.

은행에 저축하는 방법 말고 다른 방법도 있습니다. 채권*을 사거나 주식 계좌를 만든 뒤 주식을 사서 배

★ 채권
정부나 회사가 투자자에게 돈을 빌리고 일정 기간 뒤 원금과 이자를 갚겠다고 약속한 내용을 담은 증서.

당금을 받는 방법도 있지요. 어떤 주식회사의 주식 가격이 쌀 때 사서 가격이 비싸질 때 팔면, 은행 이자보다 더 큰 이익(이것을 '시세 차익'이라고 해요)을 얻을 수 있어요. 물론 내가 산 주식 가격이 갑자기 떨어져서 세뱃돈이라는 원금을 그만큼 잃을 수도 있지만요. 은행에 저축한 돈은 '예금자 보호 제도'가 있어서 여러분의 돈과 이자를 안전하게 지켜 주지만, 채권이나 주식은 그렇지 않거든요.

이렇게 여러분이 받은 세뱃돈을 이런저런 방법으로 쓰고, 그 세뱃돈이 식당이나 은행, 주식 계좌를 거쳐 다양한 곳으로 흘러가는 과정이 바로 금융, '돈의 흐름'입니다. 여러분도 세뱃돈을 쓰거나, 은행에 맡기거나, 주식을 사면서 금융 활동에 참여했지요. 그런데 여기서 하나 궁금증이 생길 것입니다.

도대체 우리는 어떻게 이 돈이라는 종잇조각을 믿고 금융 활동을 할 수 있는 것일까요?

사회적 약속과 믿음만 있다면 무엇이든 화폐가 될 수 있다?

화폐 경제학자 밀턴 프리드먼이 쓴 책『화폐경제학』에 아주 흥미로운 이야기가 나옵니다. 태평양 서부에는 4개의 주요 섬으로 이루어진 미크로네시아라는 나라가 있습니다. 그중 캐롤라인 군도에 있는 얍(Yap)이란 섬에는 돈을 훔치는 일이 쉽지 않습니다. 법이 엄격

주식이 뭘까요?

여러분이 사업을 한다고 상상해 볼까요? 사업을 시작하려면 돈, 그러니까 사업 자금이 필요합니다. 이 사업 자금은 은행에서 빌려도 되지만, 여러 사람이 회사의 주인이 되어 각자 돈을 내는 방법도 있습니다. 여러분 짝꿍이 30만 원, 부모님이 50만 원, 동생이 20만 원을 여러분에게 내면, 총 사업 자금이 100만 원이 됩니다. 이때 여러분이 친구와 부모님, 동생에게 돈을 낸 대가로 발행해 주는 증서가 바로 '주식'입니다.

1만 원으로 주식을 발행할 때 여러분 친구는 30주, 부모님이 50주, 그리고 여러분 동생이 20주를 가져가게 되지요. 이렇게 주식을 소유한 사람을 '주주'라고 하고, 회사를 운영하기 위해 주식을 발행해 돈을 모으는 기업을 '주식회사'라고 합니다. 그러니까 여러분은 친구와 부모님, 동생에게 주식을 발행해서 '주식회사'를 세운 거예요!

주주는 '돈을 낸 비율만큼' 경영에 참여할 권리와, 기업이 얻은 이익을 나눠 받을 권리를 가집니다. 기업이 벌어들인 돈(이익)을 주주들에게 나눠 주는 것을 '배당'이라고 하고요. 이때 주주가 받는 돈을 '배당금'이라고 합니다. 물론 배당금을 받으려는 목적 없이 **시세 차익***을 노리고 주식을 거래하기도 합니다.

★ 시세 차익
어떤 물건을 팔 때의 가격이 살 때의 가격보다 높아서 얻게 되는 이익, 여기서는 어떤 회사의 주식 가격이 쌀 때 사서 비쌀 때 팔아 얻는 이익을 말함.

해서냐고요? 아닙니다. 초인이 아닌 이상, 혼자서 훔칠 수 없기 때문입니다. 얍섬에서는 돈을 훔치려면 덤프트럭과 크레인이 필요하거든요.

얍섬에서는 아주 오래 전부터 검고 거대한 석회암을 화폐로 썼습니다. 이 화폐는 중앙에 구멍을 내 바퀴 모양으로 만들었는데, 큰 것은 지름이 3.6m에 4톤이나 되었지요. 멀리서 보면 무겁고 거대한 도넛이 우뚝 서 있는 것 같아요. 이 석회암 화폐를 사람들은 '라이(Rai, 얍 언어로는 Raay)'라고 불렀습니다.

그런데 얍섬 사람들은 라이를 얍섬에서 만들지 않았습니다. 얍섬에는 석회암처럼 단단한 광물이 없기 때문이었죠. 그래서 얍섬에서 약 650km 정도 떨어진 팔라우섬의 석회암 광산에서 라이를 만들었습니다.

얍섬의 부족장들은 라이를 만들기 위해 채굴팀을 꾸려 팔라우로 보냈지요. 그리고 팔라우에 코코넛 같은 식물들을 대가로 지불했습니다. 얍섬의 채굴팀은 이 거대하고 무거운 라이를 뗏목이나 거룻배에 싣고 돌아왔습니다. 라이의 무게를 견디지 못한 배가 가라앉기도 했고 적에게 습격을 당하기도 했지요. 폭풍을 만나기도 했습니다.

그래서 얍섬 사람들은 라이의 가치를 매길 때, 크기뿐 아니라 이렇게 가공하고 운반하는 데 들어간 수고와 희생까지 고려했습니다. 돌의 크기가 크고, 사람들의 수고와 희생이 많을수록 라이의 가치는 올라갔지요. 다만 이때 채굴자들과 선원들의 수고가 거짓말이거나 과장되었다는 사실이 알려지면 해당 라이의 값은 폭락했습니다.

라이 화폐 © 폴란드어 위키백과의 Bartek.cieslak, CC BY-SA 3.0,
https://commons.wikimedia.org/w/index.php?curid=7785905

그런데 얍섬 사람들은 어떻게 집채만 한 돌을 화폐로 쓸 수 있었던 걸까요? 실제 얍섬 사람들은 라이를 들고 다니지 않았습니다. 워낙 크고 무거우니까요. 우리가 돈을 내고 물건을 사는 것처럼 라이를 내고 물건을 사지도 않았지요. 라이를 굳이 집에 두지도 않았습니다. 대신 이 돌이 누구의 것인지 '장부'에 '기록'했습니다. 그래서 라이가 얍섬에 없는 경우에도 라이는 얍섬의 화폐로 인정받았지요. 얍섬 채굴팀은 만들어진 라이가 너무 크고 무거우면 팔라우에 그냥 두고 오기도 했거든요. 이때는 모두 모여서 그 라이를 만든 사람들의 증언을 들었습니다. 그리고 두고 온 라이가 어느 정도 규모인지

짐작해 값을 매겼지요.

이렇게 모두가 믿고 합의해서 값어치를 정한 라이는 보통 땅이나 집을 살 때처럼 중요한 거래에 사용됐습니다. 또, 아이가 성인이 되면 아버지는 대대손손 간직한 라이를 물려주며 마을 사람들에게 라이의 소유주가 바뀌었다는 사실을 알리는 축제를 열었지요. 상대방에게 잘못했을 때도 깊은 사과의 의미로 라이를 선물했다고 해요.

놀랍게도 얍섬에서는 여전히 라이를 일부 화폐로 쓰고 있습니다. 라이는 얍섬에 사는 모두가 '믿는' 이야기니까요. 오늘날 우리가 쓰는 돈도 마찬가지입니다. 세종대왕이 그려진 1만 원권 지폐가 왜 딱 만 원어치의 값만 할 수 있는 걸까요?

얍섬 사람들이 다양한 크기와 사연에 따라 달라지는 라이의 가치를 '믿은' 것처럼, 우리 역시 지폐에 표시된 액수만큼 지폐의 가치가 있다는 것을 '믿기' 때문이지요. 결국 '화폐'란 함께하는 사람들, 즉 집단이 서로 믿고 합의한 '이야기'입니다. 우리가 '가치 있다'라고 믿기 때문에 '돈'이 되는 거지요. 모두가 그 가치를 믿을 수만 있다면 커다란 도넛 모양 돌이든, 작은 종이이든 그 어떤 것도 화폐가 될 수 있는 거예요.

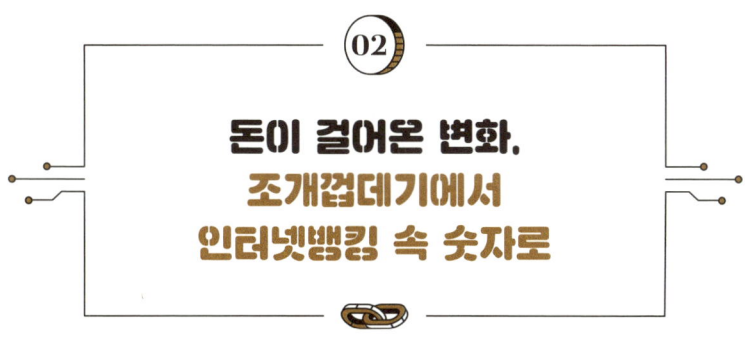

02

돈이 걸어온 변화,
조개껍데기에서
인터넷뱅킹 속 숫자로

여러분은 요즘 지갑을 들고 다니나요? 저는 건강보험료와 아파트 관리비, 휴대폰 요금 등을 특정 날짜에 은행 앱이 알아서 자동으로 내도록 설정해 둡니다. 쇼핑할 때도 온라인 쇼핑몰에 연결해 놓은 신용카드를 사용하지요. 스마트폰에는 신용카드 앱과 각종 포인트 카드 정보가 저장된 디지털 지갑이 있고요. 그렇다 보니 어떤 때는 한 달 넘게 현금을 만져 보지 못하기도 합니다. 비단 저만 이런 것은 아니겠지요. 21세기를 사는 우리는 어느새 디지털 세상에서 돈을 쓰는 게 익숙해졌으니까요.

도둑맞거나 잃어버리기 쉽고, 또 훼손되기도 쉬운 현금 대신 편리한 디지털 숫자들이 어느새 경제의 중심이 되고 있습니다.

그런데 우리 경제에서 이런 편리한 시스템이 정착하기까지 많은 과정이 있었습니다. 앞서 말했듯이 돈이란 사람들 사이에 '믿음'이 만들어 낸 이야기예요. 다만 모든 화폐가 단순히 믿음만으로 만들어진 것은 아닙니다. 여기에는 과학 기술도 필요했지요.

화폐의 탄생, 물품 화폐에서 금본위제까지

인류는 오랜 시간에 걸쳐 필요한 물건을 스스로 만들어 쓰거나, 서로 물물교환을 하며 생활했습니다. 작은 무리끼리 사냥하고 숲에서 먹을 것을 구했지요. 그러다 신석기 농경 사회가 시작되면서 작은 무리는 정착해 큰 부족이 되었습니다. 이후 큰 부족들이 모여 마을이 되고, 그 마을들이 모여 작은 도시 국가를 이루었지요. 더 많은 사람들이 협력해서 농사를 지으니 남는 생산물이 생겨났어요. 서로 필요한 걸 나누는 일도 복잡해졌습니다. 물물교환만으로는 늘어나는 교역과 상업 활동을 감당하기 어려웠지요.

사람들은 물건을 더 편리하게 사고팔기 위해서 돈, 즉 '화폐'를 만들었습니다. 처음에는 농산물을 화폐로 쓰다가 조개껍데기 같은 물품 화폐가 탄생했습니다. 그런데 둘 다 보관하기가 쉽지 않았습니다. 상태에 따라 가치가 확 떨어지기도 했지요.

화폐의 가치는 안정적이어야 합니다. 그래야 모두 화폐를 믿고 거래할 테니까요. 그런데 어제는 멀쩡했던 조개껍데기가 오늘 부서졌다는 이유로 다른 물건과 바꿀 수 없게 된다면 어떨까요? 내일은 아무도 조개껍데기를 교환 수단으로 보지 않을 겁니다.

그래서 인류는 기술을 발전시키며 관리하기 쉬운 화폐를 만들어 냈습니다. 그 시작은 주조 기술이었습니다. 금속 같은 물질을 액체 상태로 만든 뒤 틀에 부어 돈의 형태를 만들었지요. 이렇게 해서 사람들은 금이나 은, 동 같은 내구성이 좋은 금속 화폐를 만들었습니다.

하지만 금속 화폐는 바로 모든 물품 화폐를 대체하지는 못했습니다. 기원전 500년경 고조선과 중국, 지중해 근방에서 금속 화폐를 만들었다는 기록이 있지만, 그로부터 훨씬 시간이 지난 고려와 조선에서도 쌀이나 삼베, 무명 같은 물품 화폐가 널리 쓰였습니다. 다른 문명권도 마찬가지였어요. 고려와 조선은 세금을 쉽게 거두기 위해 금속 화폐를 쓰게 하려고 노력했지만, 번번이 실패했습니다. 물품 화폐에 익숙한 농민이 금속 화폐를 외면했기 때문이지요.

당시 조선에서는 특별한 계획 없이 화폐를 너무 많이 찍어 낼 때도 있고, 정교하게 만들지 못할 때도 있었어요. 그래서 금속 화폐를 위조하기도 쉬웠습니다. 그러니 사람들이 금속 화폐를 믿기 어려울 수밖에 없지요. 당시 조선 사람들은 금속 화폐를 그저 '굶주렸을 때 먹지도 못할 한 조각 검은 자루일 뿐'이라고 생각했다고 합니다.

그럼에도 화폐 기술은 점점 발전하면서 금속 화폐가 사람들 일상에서 돈으로서 쓰이기 시작합니다. 여기에 인쇄 기술까지 발전하면서 '지폐'까지 나옵니다. 사실 세계 최초로 종이돈, 지폐를 만든 것은 중국 당나라(618-907) 때 일이긴 하지만요. 당시 지폐는 우리가 쓰는 돈이라기보다는 상인들이 대규모로 상업 거래를 할 때 무거운 구리 동전을 피하기 위해 마련했던 예금 영수증이었어요. 세계 최초의 은행권은 1661년 스웨덴에서 발행한 지폐였습니다.

지폐도 금속 화폐처럼 처음에는 환영받지 못했습니다. 사람들은 눈에 보이는 실물 가치가 없는 얇은 종잇조각을 쉽사리 믿지 못했지요. 이 불신을 해결하기 위해 등장한 것이 바로 '금본위제(金本位制)'입니다. 은행에 지폐를 가져가면 정해진 양의 금으로 바꾸어 주는 '약속'을 한 것입니다. 즉, 금이 있는 만큼만 화폐를 발행하여 지폐에 신뢰를 불어넣은 것이지요.

금본위제 덕분에 사람들은 종이로 된 화폐를 금과 동일한 가치로 믿고 사용했습니다. 하지만 금본위제에는 한계가 있었습니다. 바로 국가에서 보유한 금만큼만 화폐를 발행할 수 있다는 거지요. 제1차 세계대전이 일어나자 전쟁으로 많은 돈이 필요해진 수많은 나라들이 금본위제를 일시 중단했습니다. 1925년 영국은 파운드화의 위상을 유지하려고 금본위제로 복귀했지만, 금 가치가 높게 책정되어 경제가 압박을 받았어요. 결국 영국도 1931년 대공황의 파고를 넘지 못하고 금본위제를 포기했습니다. 1971년에는 미국마저 닉슨 대통령이 금과 달러를 서로 바꾸는 걸 중단하면서, 금을 기준으로 한 화폐 시스템은 막을 내렸지요.

지폐는 더 이상 금에 의존하지 않고, 국가 신용을 바탕으로 가치를 갖는 명목 화폐가 되었습니다. 1만 원권이든 5만 원권이든 종이로서 가치는 비슷하지만, 지폐에 표시된 숫자를 국가가 보증하고 우리 모두가 그 약속을 믿고 사용하게 된 것이지요. 화폐 가치는 이제 금고 속 금이 아니라, 그 나라의 경제력과 정책에 대한 신뢰로 결정됩니다. 그래서 국가 신뢰도가 흔들리면 화폐 가치도 즉각 반응하지요. 예를 들어, 2024년 비상계엄 선포 직후 달러 대비 원화 환율이 급등하며 우리 돈의 가치가 급락했던 것처럼요.

이처럼 명목 화폐가 자리 잡으면서, 지폐는 모두가 믿는 '통화★'가 되었습니다. 세상은 큰 변화를 맞이했습니다. 금이라는 물리적 제약에서 벗어나자 화폐는 훨씬 빠르고 자유롭게 흐르기 시작했습니다. 휴대하기 편리한 지폐가 신뢰받는 화폐로 자리 잡으면서, 거래 범위는 전 세계로 넓어졌고 시장 규모도 급격히 성장했지요.

★ 통화
유통 수단이나 지불 수단이 되는 화폐.

디지털 기술이 만든
인터넷뱅킹 시대가 오다

예전에는 은행에 가서 직접 지폐를 맡기고 찾아야 했어요. 이제는 아무 때나 인터넷과 스마트폰으로 은행 일을 볼 수 있습니다. 우리는 돈을 맡기거나 찾기 위해 굳이 은행에 가지 않지요. 웹사이트나 스마트폰 앱에 들어가 그 자리에서 편하게 계좌를 확인하고 돈을 보내고, 빌리지요. 이게 바로 '인터넷뱅킹'입니다.

본격적인 인터넷뱅킹 시대가 열리면서, 많은 돈이 컴퓨터에서 1과 0으로 존재하게 됐어요. 사람이 움직여서 이동하던 돈이 이제는 컴퓨터 통신이나 이동 통신을 타고 바로 이동하게 된 거예요. 현재는 디지털 기술이 더 발전하면서 **모바일 핀테크**★ 세상까지 왔지요. 이렇게 디지털로 된 전자 기호를 화폐로 사용하는 시대가 된 덕분에 우리는 현금 없이도 디지털 세상에서 얼마든지 돈을 쓸 수 있습니다.

★ **모바일 핀테크**
모바일 기술을 활용하는 금융서비스 산업. 핀테크는 금융(Finance)과 기술(Technology)의 합성어로, 스마트폰과 IT 기술을 활용해서 은행 방문 없이 모바일 앱으로 모든 금융 업무를 처리하는 것을 의미함.

그런데 여기에 한 가지 이상한 점이 있습니다. 우리는 분명 '돈'을 쓰고 있는데, '돈'을 실제로 갖고 있지 않다는 거예요. 휴대폰 요금이나 세금을 내고 쇼핑몰에서 물건을 집 앞까지 배달시키는 동안에, 저는 진짜 돈을 보지도, 만지지도 않았습니다. 제 통장에 스쳐지나가는 숫자로 확인할 뿐이지요.

실제로 인터넷뱅킹이나 신용카드 속 돈은 은행과 신용카드 회사 등이 소유한 데이터베이스에만 존재합니다. '컴퓨터' 속에 숫자로 기록될 뿐이지요. 인터넷뱅킹이 등장한 덕분에 돈은 자유롭게 컴퓨터의 속도로 움직이게 되었습니다. 귀찮게 들고 다닐 필요가 없고, 시간이 지나도 파손되거나 변질되지 않습니다. 동전, 지폐 같은 실제 돈을 만들기 위해 재료나 기술 등 별도의 비용을 들이지 않아도 됩니다. 물리적으로 손에 쥐는 돈의 시대가 끝나가는 셈이지요. 그야말로 화폐 혁명이라고 해도 과언이 아닙니다.

그런데 여러분은 온라인에서 디지털 기호로만 존재하는 돈을 믿

을 수 있나요? 인터넷뱅킹 속 돈은 데이터에 불과합니다. 데이터이기 때문에 해킹으로 거래 기록을 삭제할 수도 있고요. 나쁜 마음을 먹고 데이터를 복사하듯 돈을 복사할 수도 있지요.

개인과 개인이 화폐를 온라인으로 주고받는 상황을 잠깐 떠올려 봅시다. 직접 만날 필요가 없으니 돈을 주는 쪽도, 받는 쪽도 편리합니다. 하지만 불안한 마음이 듭니다. 돈을 주는 쪽은 상대방이 멋대로 돈을 받은 기록을 삭제한 뒤에 돈을 안 받았다고 할까 봐 걱정입

진짜 돈

이체

복사된
가짜 돈

니다. 돈을 받는 쪽은 이 돈이 진짜 돈이 아니라 복사된 가짜 돈이 아

닐까 걱정합니다. 인터넷뱅킹에서 돈은 온라인에만 존재하는 데이

터이다 보니, 암호학자들이 '**이중지불★**'이라고 부르

는 문제가 생길 우려가 있기 때문이지요.

★ 이중지불
같은 돈이 같은 시간 내
에 두 번 사용될 수 있
는 문제. 결제가 처리되
는 짧은 시간차를 이용
해 하나의 자금을 두 번
이상 사용하는 일.

하지만 다행히도 우리는 인터넷뱅킹을 할 때 개인

과 개인이 직접 돈을 주고받지 않습니다. 중립적이고

믿을 만한 '은행'이라는 중개자를 거칩니다. 덕분에

우리는 인터넷뱅킹을 믿고 쓸 수 있지요.

점점 커지는 화폐 경제, 점점 강해지는 은행의 힘

은행은 제3자의 입장에서 화폐 데이터를 관리하고 거래를 **중개★**

합니다. 우리는 은행 덕분에 상대방이 돈을 나 말고 다른 사람에게도 보내지 않았을까, 그래서 내가 돈을 제대로 못 받지 않을까 불안해하지 않아도 되지요. 즉, 은행은 거래가 이중지불인지 아닌지를 확인해 줍니다.

★ 중개
직접 연결되기 어려운 둘 사이를 이어 주고, 거래나 상호작용이 잘 이루어지도록 도와주는 역할.

　은행에는 '중앙제어 시스템'이 있습니다. 중앙에서 모든 것을 관리하는 시스템이 있어서 거래 요청이 들어온 순서대로 거래를 진행합니다. 예를 들어 민수의 통장에는 10,000원만 있는데, 민수가 영호에게 10,000원을 보내고, 동시에 가영이에게도 10,000원을 보내도록 은행에 요청했다면 어떨까요? 은행은 먼저 들어온 거래부터 순차적으로 처리합니다. 영호에게 송금하는 거래가 먼저 들어왔다면, 해당 거래를 처리하고 잔액을 차감합니다. 이때 민수 통장의 잔고는 0원이라서 가영이에게 송금하도록 요청한 거래는 '잔액 부족 오류'라고 출력하고 끝나지요.

　이렇게 은행 덕분에 우리는 마음 편하게 디지털 공간에만 있는 돈을 믿을 수 있습니다. 모든 거래를 은행이 '중간'에서 확인하고 각 거래에 대한 믿음을 보증하니까요. 인터넷 뱅킹을 이용하면, 실제 돈이 움직이는 게 아니라 은행이 교환한 금액에 맞게 데이터베이스에 기록된 숫자를 바꾸고 거래가 틀림없다는 것을 책임지고 밝히거든요.

물론 한 은행이 이 모든 거래를 전부 처리하는 것은 아닙니다. 수많은 은행과 기관들이 복잡하게 관여하지요. 전체 금융 시스템이 우리가 하는 거래 중간에 있으면서, 우리가 인터넷뱅킹 속 숫자를 믿고 사용할 수 있게 해줍니다. 그러면서 은행은 당신이 진짜 돈을 갖고 있는지, 내가 돈을 보내 줄 사람이 맞는지 확인해 줍니다.

만약 누군가 돈을 받고도 안 받았다고 시치미를 뗀다면 은행은 자신이 가진 거래 기록을 보여 주고 문제를 해결합니다. 덕분에 여러분은 상대방을 믿지 못해도, 은행을 통해서 돈을 주고받을 수 있습니다. 상대방도 마찬가지예요. 은행이 여러분과 상대방 모두가 믿을 수 있게끔 보증해 주는 겁니다. 그래서 컴퓨터 안에서 숫자만 바뀐 거래 명세를 가지고도, 우리는 해당 금액으로 잔고가 바뀌었다고 믿고, 그 금액을 현금으로 뽑을 수도 있습니다.

이렇게 물건에서 지폐를 거쳐 인터넷뱅킹까지 화폐는 과학 기술과 함께 우리가 사용하기 편리한 방향으로 발전했습니다. 그러면서 은행의 권한도 점점 커졌지요. 특히 인터넷뱅킹이 나오고 나서 은행의 권한은 더욱더 커졌습니다. 은행이 없다면, 우리는 수많은 거래를 할 수 없을 거예요. 그런데 과연 우리가 온전히 은행을 믿을 수 있을까요?

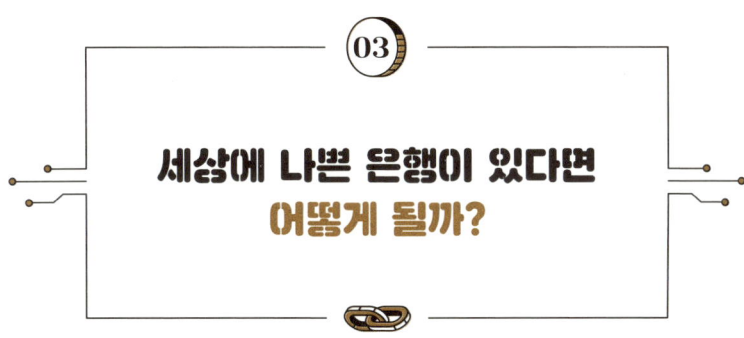

03

세상에 나쁜 은행이 있다면 어떻게 될까?

2023년 7월 18일. 레바논에서 사람들이 문이 닫힌 은행을 둘러싸고 시위를 벌였습니다. 총을 들고 은행으로 돌진하거나, 은행 문을 발로 차고 소리 지르는 사람들도 있었지요. 강도들이었냐고요? 아닙니다. 이 사람들은 모두 하루하루 성실하게 일해서 번 돈을 저축해온 평범한 사람들이었습니다. 평범한 이들이 왜 이런 난리를 벌인 걸까요?

바로 레바논 은행에 '뱅크런(bank run)'이 일어났기 때문입니다.

뱅크런은 은행에 돈을 맡겨 둔 사람들이 한꺼번에 예금한 돈을 모두 찾아가는 사태를 말합니다. 은행은 사람들이 맡긴 돈으로 투자를 하거나 다른 기업에 돈을 빌려줍니다. 우리가 맡긴 저축을 활용해

세계 금융 위기 때 영국 은행 '노던 록'에서 일어난 뱅크런 사태
© Dominic Alves from Brighton, England, CC BY 2.0,
https://commons.wikimedia.org/w/index.php?curid=2759713

경제를 활발히 돌아가게 만들지요.

 그런데 만일 은행이 투자에 실패해서 돈을 잃거나, 은행 돈을 빌려간 기업이 그 돈을 갚지 못하게 된다면 어떨까요? 은행에 돈이 없어 운영이 어려워집니다. 그럼 사람들은 그 은행을 믿을 수 없게 되겠지요. 혹시라도 은행이 망한다면 자신의 예금(돈)이 그냥 사라져버릴 수 있으니까요. 그래서 은행에 저축한 예금을 모두 찾으려는 사람들이 많아집니다.

 문제는 이렇게 사람들이 앞다퉈 예금을 전부 찾아가 버리면, 은행에는 돈이 더욱 부족해진다는 것입니다. 미처 미리 돈을 못 꺼내간 예금자들은 은행에 돈이 없어져 자기 돈을 찾지 못하게 되지요. 즉, 은행이 '유동성(流動性, Liquidity)'을 잃어버립니다.

유동성은 '흘러서 움직인다'는 뜻입니다. 은행이 자산을 얼마나 빨리 현금으로 바꿀 수 있고, 돈을 빌려주는 대가로 받은 **담보**★를 얼마나 잘 지킬 수 있는지를 나타내지요. 즉, 유동성을 잃었다는 것은 은행이 돈이 될 만한 자산을 잘 지키지 못했다는 얘기입니다.

★ 담보
빚을 진 사람이 해당 빚을 못 갚을 때, 빚 대신 내놓는 물건.

레바논 은행들은 뱅크런이 일어나 예금이 모두 빠져나가고 유동성을 잃어버렸습니다. 결국 예금자 전원에게 돈을 돌려주지 못한 채 문을 닫았지요. 레바논이 세계에서 가장 불평등한 국가이고, 경제 상황이 좋지 않아서 이런 일이 있다고 생각하나요? 그렇다면 이제부터 전 세계 경제를 이끄는 나라인 미국에서 있었던 사건에 대해 이야기해 봅시다.

미국의 경기를 살리려다 글로벌 금융 위기가 왔다고?

2008년 9월 15일. 미국의 4대 투자은행 중 하나인 리먼브라더스가 파산했습니다. 사람들은 모두 충격에 빠졌습니다. 리먼브라더스는 세계적으로 영향력이 있는 매우 거대한 은행이었거든요. 지구가 멸망해도 망하지 않을 것 같았던 은행이 이렇게 맥없이 파산한 이유

리먼 브라더스의 파산
© David Shankbone, CC BY-SA 3.0,
https://commons.wikimedia.org/w/index.
php?curid=2559779

가 뭘까요? 바로 서브프라임 모기지 사태 때문이었습니다.

'서브프라임 모기지'는 돈을 갚을 능력이 별로 없는 저소득층에게 집을 살 수 있는 돈을 빌려주는 대출 상품이었습니다. 은행은 돈을 빌려줄 때 갚을 능력이 있는지 매우 꼼꼼히 심사합니다. 왜냐하면 빌려준 돈을 제때 받지 못하면 은행이 '유동성'을 갖기 어려워지기 때문입니다. 그런데 돈을 갚을 능력이 별로 없는 사람에게도 돈을 빌려준다니, 이 상품은 좀 이상한 구석이 있지요. 만약 돈을 갚지 못하면 은행은 빌려준 돈을 받지 못해서 타격을 입을 텐데 말이에요.

왜 이런 위험한 상품이 나왔을까요? 이유가 없는 건 아니었습니다. 바로 미국 경제를 좋게 만들기 위해서였어요. 경제 상황, 즉 '경기'가 침체되고 나쁠 때, 경제를 살리기 위해 각 국가의 정부와 은행이 실시하는 각종 정책을 '경기부양책'이라고 합니다. '가라앉은 경제 상황(경기, 景氣)을 잘 돌아가게끔 띄우는(부양, 浮揚) 정책'이라는 뜻이지요.

서브프라임 모기지 사태가 일어나기 이전인 2000년대 초에 미국은 경제 상황이 좋지 않았습니다. 그 이유 중 하나는 '닷컴버블', 그러니까 IT 기업의 주식 가치가 '거품'처럼 부풀려졌던 일 때문이었습니다.

1991년 팀 버너스 리가 월드 와이드 웹을 개발하고 세계 최초 웹사이트를 공개하면서, 일반 사용자들도 인터넷을 통해 정보를 쉽게 이용할 수 있게 되었지요. 사람들은 인터넷이라는 신기술이 반드시 성공할 거라고 생각했습니다. 아직 수익을 내지 못하고 있던 '넷스케이프'라는 인터넷 브라우저 주식회사가 '닷컴'이라는 이름을 달고 인터넷 사업을 한다는 이유로 상장★되자마자 주식 가격이 108%나 오를 정도였지요.

★ 상장
주식을 증권 시장에 등록해서 일반 투자자들이 자유롭게 주식을 사고팔 수 있도록 허용하는 것.

당시에는 인터넷이나 닷컴이란 이름만 달려 있으면 너도나도 IT 회사에 투자했어요. 자연스럽게 IT 회사의 주식 가격은 올랐습니다. 많은 사람들이 주식을 사면서 회사에 투자하는 걸 보고 다들 '아, 이 회사 주식을 사면 회사가 돈을 많이 벌어서 배당금을 많이 받을 수 있겠구나!'라고 생각을 했지요. 이렇게 해서 IT 회사의 주식을 사려는 사람들이 더욱 많아졌어요. 미래에 막대한 이익을 거둘 거라는 기대감에 현재의 엄청난 돈을 쏟아

부은 거지요.

하지만 사람들의 기대와 달리 IT 기업들은 당장 큰 이익을 못 내는 경우가 많았어요. 그러자 투자자들은 갖고 있던 닷컴 주식을 팔기 시작합니다. 하지만 이미 비싼 가격이 된 주식을 사려는 투자자는 거의 없었습니다. 파는 사람들은 계속 나오고 사려는 사람은 없다 보니 주식 가격은 빠르게 떨어졌어요. 많은 인터넷 기업들의 주식 가격, 즉 주가가 폭락했고, 파산하는 회사도 많았지요. 투자자들은 큰돈을 잃게 되었습니다. 이게 바로 '닷컴(dot-com) **버블★**'입니다. 마치 거품이 꺼지고 아무것도 남지 않듯, 닷컴을 달고 있던 IT 회사의 주식 가격이 아무 가치도 없는 휴지 조각이 되어 버린 거예요.

★ 버블(bubble)
본질적 가치보다 가격이 지나치게 높아져서 주가가 부풀려졌다가, 결국 급격히 하락하는 현상.

닷컴 버블이 일어나던 때 미국인들의 자산(집, 땅, 예금, 주식 등 개인이 가지고 있는 모든 재산) 중 주식이 차지하는 비율은 48%에 달했습니다. 그런데 주식이 폭락해 버렸으니 당연히 개인 재산이 많이 줄어들었지요. 사람들은 많은 돈을 잃고 가난해졌고 자연스럽게 국가 경제도 나빠졌어요.

그러자 미국 정부는 경제를 살리기 위한 정책을 펼쳤는데, 그중 하나가 은행의 '기준 금리'를 최대한 내리는 것이었습니다. 기준 금리는 '이자의 기준이 되는 금리'를 말합니다. 금리가 내려가면 돈을 빌렸을 때 내야 하는 이자가 줄어들지요. 앞서도 이야기했지만, 은행에 돈을 빌리면 그 대가로 이자를 내야 하는데 이게 바로 '대출 이자'입니다. 그런데 이자의 기준 금리가 내려가니 대출 이자도 내려가게 되지요. 같은 돈을 빌려도 전보다 내야 할 이자가 적어집니다. 그러니 사람들은 은행에서 비교적 부담 없이 돈을 빌릴 수 있게 됩니다. 그렇게 빌린 돈으로 소비를 하고 투자를 하면, 거래가 활발해지고 돈을 버는 사람들도 생겨나면서 경기가 점차 살아나지요.

또 대출 이자가 낮아지면 집을 사기도 쉬워집니다. 집을 사기 위해 돈을 많이 빌려도 예전보다 갚을 이자가 크지 않기 때문이지요. 그래서 금리를 내리면 사람들은 집을 많이 사게 됩니다. 집을 빌려 살면 집주인의 요구에 따라 이사를 가야 하지만, 내 집을 마련하면 주거가 안정되어 삶의 질이 달라집니다. 사람들이 더 소비를 하게 되고, 월세를 내지 않으니 그 돈을 주식에 투자하거나 은행에 맡기지요. 이렇게 돈이 이곳저곳 더 자주 오가며 돈의 흐름이 활발해지면 다시 집을 사려는 사람이 많아지고, 자연스럽게 집값도 오르게 됩니다.

그런데 집값이 오르기 시작하면, 단순히 살 집이 필요한 사람들만 집을 사지 않습니다. 지금 싸게 사서 나중에 집값이 오르면 비싸게 되팔아 이익을 얻으려는 사람들도 집을 사지요. 이렇게 해서 집을 사고파는 부동산 거래는 점점 늘어나고, 건설과 부동산 업종의 일자리도 많아집니다. 일자리가 늘면 경기를 부양하는 효과가 나타나지요. 그래서 미국 정부는 돈 없는 사람들도 돈을 빌려서 집을 살 수 있게, 대출 이자를 최대한 낮췄던 것입니다. 이때 나온 대출 상품이 바로 '서브프라임 모기지'였습니다.

돈 잔치의 끝,
쓰디쓴 대가

　서브프라임 모기지의 가장 큰 문제는 빌린 돈을 잘 갚을 수 있을지 믿기 어려운, 즉 '신용도가 낮은' 사람들에게도 은행이 집을 담보로 돈을 빌려줬다는 것입니다. 게다가 은행은 이렇게 생긴 대출들을 묶어서 새로운 금융 상품을 만들었습니다. 바로 '주택담보부증권(MBS)'이라는 증권이지요. 여기서 증권은 주식이나 채권처럼 재산적 가치가 있는 권리를 종이에 표시한 것을 말해요. 즉, 주택담보부증권은 '대출자들이 갚을 돈(원금+이자)을 받을 권리'를 사고파는 종이였어요. 은행은 이 증권을 다른 금융 회사들에게 팔아 돈을 벌었습니다.

　이 증권은 증권을 살 때 쓴 돈(원금)을 보장해 주는 게 아니라서 투자 위험이 큰 대신에 투자에 대한 수익도 높았습니다. 위험성보다 이익이 컸던 이유는 당시 미국의 집값이 계속 오르고 있었기 때문이에요. 누군가 빌린 돈과 이자를 갚지 않아 담보로 낸 집을 빼앗겼다고 가정해 봅시다. 당시 미국 집값은 하늘 높은 줄 모르고 오르고 있었기 때문에 담보로 잡은 집을 팔면 담보 증권을 산 가격 이상의 돈을 벌 수 있었어요. 그래서 전 세계 금융 기관들은 이 증권을 앞다퉈 사들였습니다.

　게다가 사람들도 이렇게 집값이 끝도 없이 오르니 무리하게 대출받아 집을 사도 괜찮다고 생각했습니다. 오히려 산 값보다 비싸게 팔

수 있기 때문에 큰 돈을 버는 기회라고 여겼지요. 점점 투기를 하려는 사람들이 나타났고, 집값은 끝도 없이 올랐습니다. 은행 또한 갚을 능력이 없는 사람들에게 계속 대출을 해줬습니다. 돈을 못 갚으면 담보(주로 집과 같은 부동산)를 압류해서 팔면 된다고 생각했으니까요. 이렇게 돈은 빠르게 돌고 돌았지요. 결과는 어떻게 되었을까요?

미국에는 돈의 흐름과 금융 시스템을 관리하는 기관이자 중앙은행 역할을 하는 연방준비제도(Federal Reserve System, FED)가 있습니다. 연방준비제도는 집값이 너무 빠르게 올라서 '인플레이션'이 생길 것을 걱정했어요. 부동산 가격이 높아지면, 사람들은 재산이 많이 늘어났다고 생각해 더 많이 소비하게 됩니다. 그러면 수요 공급 법칙에 따라 자연스럽게 다른 상품과 서비스 가격도 함께 오르지요.

이 모든 것이 물가 상승, 즉 인플레이션으로 이어지는 거예요. 인플레이션은 한마디로 돈의 가치가 떨어지고 물가가 오르는 현상을 말합니다. 물가가 오른다는 건 물건 값이 비싸진다는 뜻이지요. 같

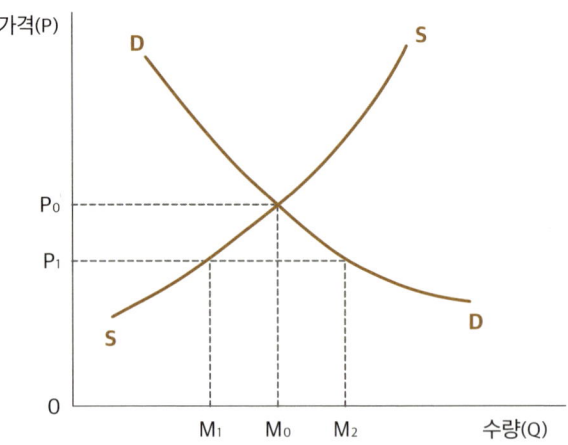

가격(P)

D S

P₀ ····

P₁ ····

S D

0   M₁ M₀ M₂   수량(Q)

수요 공급 곡선 그림 ⓒ 이해송, CC BY-SA 4.0,
https://commons.wikimedia.org/w/index.php?curid=49245148

은 물건을 사려면 예전보다 더 많은 돈을 내야 합니다. 그러니 사람들의 생활은 점점 힘들어지지요.

그래서 미국의 연방준비제도는 인플레이션을 막기 위해 금리를 올리기로 했습니다. 금리를 올리면 돈을 빌리는 데 드는 비용이 커집니다. 100만 원을 빌렸을 때 1만 원을 이자로 내다가, 10만 원을 이자로 내게 된다면 사람들은 돈을 빌리거나 쓰기 어려워지겠지요. 이렇게 시중에 풀리는 돈이 줄어들면, 물건을 사려는 열기가 식으면서 자연스럽게 가격 상승세도 주춤해집니다. 그래서 금리를 올리면 물가가 오르는 속도를 늦출 수 있습니다.

하지만 이렇게 기준 금리가 오르자 대출 금리도 함께 올라갔어요.

돈을 빌린 사람들은 갑자기 매달 더 많은 이자를 내야 했지요. 결국 이자를 못 내는 사람들이 점점 늘어났습니다. 너도나도 집을 급하게 팔았습니다. 담보였던 집들도 부동산 시장에 계속 나왔고요. 공급이 수요보다 많아지면 수요 공급 곡선에 따라 가격은 떨어질 수밖에 없지요. 집값은 끝도 없이 폭락하고 맙니다. 집을 담보로 가지고 있던 은행은 큰 손해를 봤고요. 리먼 브라더스를 비롯한 여러 은행들이 파산했습니다.

　은행이 파산하자, 그 은행에 돈을 맡기거나 거래하던 기업들까지 연쇄적으로 파산하기 시작했습니다. 이렇게 금융 기관의 위기가 커지면서 제조업, 건설업 같은 일반 산업에도 큰 타격을 주었지요. 그 결과, 많은 사람들이 집이나 직장을 잃고 거리로 내몰렸습니다. 이 문제는 미국만의 문제가 아니었어요. 미국 은행들이 만들어 판 담보 증권을 사들인 전 세계의 금융 기관들, 예를 들어 유럽의 은행이나 아시아의 투자 회사들까지도 큰 손실을 보았습니다. 사태는 걷잡을 수 없이 커졌고, 세계적인 금융 위기로 번지고 말았지요.

투자와 투기는 이렇게 달라요!

투자와 투기는 둘 다 이익을 얻기 위해 하는 행동이지만 목적이 크게 다릅니다. 투자는 투자할 대상의 가치를 분석하고 충분히 이익을 낼 가치가 있다고 판단해 돈을 내거나 주식 등을 사는 것을 말합니다. 투기는 기회를 봐서 시세 차익(물건이나 주식을 쌀 때 사서 비쌀 때 팔아 이익을 내는 것)으로 큰 이익을 얻으려고 무리하게 돈을 내거나 주식 등을 사는 것을 의미하지요. 경제에서 투자는 기업의 성장 등 긍정적인 효과를 거두지만, 투기는 버블 경제와 같은 부정적인 영향을 끼칩니다.

문제를 해결하려다
세계 금융 위기로 번지다

　서브프라임 모기지 사태는 자본주의(Capitalism)의 문제점을 고스란히 드러냈습니다. 자본주의는 일반적으로 가계, 기업, 정부 등 경제 주체들이 자유롭게 거래를 하는 경제 체제를 말합니다. 모든 생산 수단을 공유하고 개인 재산을 인정하지 않는 공산주의나, 정부 혹은 공동체가 주도적으로 불평등과 노동 착취 문제를 해결하기 위해 적극적으로 경제 거래에 개입하는 사회주의와는 반대에 있는 개념이지요. 애덤 스미스는 자본주의를 이렇게 설명합니다.

　　"우리가 풍요로운 저녁 식사를 기대할 수 있는 건 푸줏간 주인,
　　양조장 주인, 빵집 주인이 자비롭기 때문이 아니라 그들이 자기
　　이익을 추구하기 때문이다."

　그 말처럼 자본주의에서 가장 중요한 가치는 '이익'입니다. 푸줏간 주인이 고기를 파는 이유는 고기를 팔아 얻은 돈으로 잘 살기 위해서입니다. 양조장 주인도 빵집 주인도 다 똑같지요. 이처럼 자본주의 체제에서는 개인과 기업이 각자의 이익을 위해 행동합니다. 정부는 그 과정에서 경제적 자유를 최대한 보장하는 최소한의 역할만 맡지요.

　하지만 이런 식으로 이익만을 지나치게 좇게 되면 서브프라임 모기지 사태와 같은 일이 벌어집니다. 금융 기관들은 서브프라임 모기지 상품이 위험하다는 사실을 알고도, 당장의 이익을 얻기 위해 무리하게 대출을 늘렸습니다. 그런데도 정부는 개입하지 않았지요. '시장은 스스로 균형을 찾는다'는 자본주의의 원칙을 믿었거든요. 즉 정부가 간섭하지 않아도 수요와 공급의 힘으로 문제가 해결될 거라고 생각했지요.

하지만 서브프라임 모기지 사태로 미국 금융 시장은 크게 흔들렸습니다. 집값 폭락으로 시작된 위기가 금세 은행들의 위기로 번졌지요. 빌려준 돈을 받지 못한 은행들은 금고가 비어 갔어요. 돈이 없어진 은행들은 이제 집을 사려는 개인뿐만 아니라, 공장을 돌리고, 투자를 하고, 월급을 줘야 하는 기업들에게까지 돈을 빌려주지 않게 되었습니다. 경제의 핏줄인 돈의 흐름이 꽉 막혀 버린 거예요. 은행들이 대출을 해주지 않아서 자금을 구하지 못한 기업들이 줄도산할 위기에 처하자, 미국 연방준비제도는 2008년 말에 기준 금리를 다시 0% 수준(0~0.25%)까지 낮췄습니다. 이렇게 금리를 낮추면 기업이 내야 할 이자 부담이 확 줄어들지요. 그래서 은행 입장에서도 기업들이 빚을 잘 갚을 수 있겠다고 안심하며 다시 대출을 해줄 수 있습니다. 즉 금리를 내려서 대출을 더 쉽게 받게 함으로써 멈췄던 돈의 흐름을 다시 살리려는 것이었습니다.

그런데 서브프라임 모기지 사태가 워낙 심각한 위기였기 때문에, 금리를 낮추는 것만으로는 충분하지 않았습니다. 은행들은 여전히 위험을 두려워하며 대출을 꺼렸습니다. 더 이상 금리를 낮출 수 없는 연방준비제도는 국채를 대량으로 사들였습니다. 이런 일을 **'양적완화' 정책***이라고 합니다. 국채는 정부가 돈을 빌릴 때 발행하는 일종의 빚 문서로, 연방준비제도가 이를 사면 국채를 판 은행과 금융 기관 계좌에 현금이 들어옵니다. 이렇게 늘어난 자금은 다시 대출이

★ '양적완화' 정책
금리를 계속 낮춰도 경제가 살아나지 않을 때, 중앙은행이 직접 시장의 채권을 사 주고 돈을 대량으로 찍어 뿌리는 정책.

나 투자로 이어져, 시중에서 돈이 돌도록 만드는 역할을 할 수 있는 것이지요. 실제로도 연방준비제도가 국채를 많이 사들이자, 은행에는 많은 돈이 들어오게 되었습니다. 이 돈으로 은행들은 대출을 다시 늘릴 수 있었고, 사람들은 다시 집을 사고 기업들은 투자를 재개하면서 경기가 점차 살아났습니다. 하지만 세상에 공짜는 없었지요. 위기를 넘기기 위해 이런 식으로 엄청나게 풀어 버린 달러가 나중에 커다란 숙제로 돌아왔습니다.

원래 세상에 푸는 돈이 너무 많아지면 물건의 가격, 즉 물가가 치솟거나 거품이 생기기 마련입니다. 그런데 미국은 이 부작용을 달러의 힘으로 해결했습니다. 미국이 이렇게 엄청난 돈을 자국에 풀고도 버틴 배경에는 달러가 가진 특별한 지위가 있지요. 달러는 세계 어디서나 쓰이는 기축 통화입니다. 그래서 미국에서 풀린 돈이 미국 내에만 머물지 않고 전 세계 무역과 투자처로 사방팔방 흩어질 수 있거든요. 덕분에 미국은 달러를 많이 풀어도 물가가 한꺼번에 폭등하는 위기를 어느 정도 피할 수 있습니다.

하지만 미국이 떠넘긴 이 부담은 다른 나라들의 몫이 되었습니다. 2009년 이후 미국에서 빠져나간 달러는 브라질, 인도 같은 신흥국으

로 몰려가 주식과 부동산 가격을 끌어올렸지요. 당시 신흥국들은 자기 나라의 경기가 살아나는 듯 보여 반겼지만, 사실은 미국이 풀어놓은 달러로 만든 위험한 거품을 끌어안은 것입니다. 결국 2013년, 미국이 이제 충분히 살 만 하니 달러를 푸는 것을 줄이고 금리를 올리겠다고 예고하자 상황은 반전되었습니다. 더 높은 수익과 안전을 찾아 투자자들이 신흥국에 있던 달러를 빼내 다시 미국으로 옮기기 시작한 것이죠. 갑자기 많은 달러가 빠져나가자 신흥국들은 큰 충격에 빠졌습니다. 신흥국의 돈 가치는 떨어지고 빌린 달러를 갚기는 힘들어지면서 브라질, 인도, 튀르키에 등은 심각한 경제 위기를 겪게 되었습니다.

결국 서브프라임 사태를 수습하기 위해 뿌린 달러가 단기적으로는 미국 경기를 회복시켰지만, 장기적으로는 세계 곳곳의 불균형과 불안정을 키운 거예요. 이 사건은 이익만 추구하는 자본주의와, 미국의 달러 패권이라는 특권이 어떻게 전 세계 경제에 위험을 가져올 수 있는지를 보여 줬습니다.

은행도
신뢰를 잃다

서브프라임 모기지 사태는 사람들이 금융 기관을 믿고 돈을 맡겨도 안전하다는 신뢰를 크게 흔들어 놓았습니다. 2008년 미국 정부

2011년 9월 "월가를 점령하라" 시위 중인 사람들
©David Shankbone, CC BY 3.0,
https://commons.wikimedia.org/w/index.php?curid=16835415

는 거대 은행들의 빚이 커지자, 정부가 은행에 1조 7,000억 달러나 되는 지원금을 주었습니다. 이 조치를 '구제 금융'이라고 부릅니다. 경제의 심장 역할을 하는 거대 은행들이 망하지 않도록 정부가 직접 나랏돈을 투입해 빚을 갚아 주고 살려 낸 것이지요.

문제는, 은행을 구하는 데 너무 많은 돈을 쓰다 보니 정부의 돈이 부족해졌다는 것입니다. 부족한 돈을 채우기 위해 미국은 달러를 다시 많이 찍어 냈지요. 돈이 많아지면 그만큼 돈의 가치가 떨어집니다. 달러가 세계에서 가장 널리 쓰이는 기축 통화라고 해도, 돈의 양이 너무 늘어나면 가치가 떨어지는 걸 완전히 막을 수는 없어요.

돈의 가치가 떨어지면(즉 물가가 오르면) 누가 손해를 볼까요? 땅이나 건물을 가진 부자들은 물가가 올라가면 자산 가치도 함께 올라요. 반대로, 자산이 없는 서민들은 월급이 그대로인데 물가는 오르니까 더 가난해지지요. 평범한 사람들이 살기 어려워지는 것입니다. 그런데다 정부가 살려준 은행들은 반성하기는커녕, 국민 세금으로 마련된 지원금으로 높은 연봉을 받고, 퇴직금을 받아갔어요. 사람들은 분노했습니다. 2011년 9월, 사람들은 '월가를 점령하라(OWS, Occupy Wall Street)'라는 구호를 외치며 시위를 벌였습니다. 이 시위는 전 세계로 퍼져 나갔습니다. 그리고 은행과 정부의 중앙 집중식 금융 시스템에 대한 비판으로 이어졌지요.

글로벌 금융 위기의 재발을 막기 위한 노력, '도드-프랭크법'

2010년 미국에서는 은행의 위험한 활동을 엄격히 감시하고 제한하는 강력한 법이 만들어졌어요. 바로 도드-프랭크법(Dodd-Frank Act, 2010)이지요. 이 법은 은행이 고객 예금 등 자기 자본으로 위험한 투자를 하는 것을 금지하고(볼커 룰), 위기가 있을 때 버틸 비상금을 미리 쌓아두도록 강제했습니다. 미국 법이지만, 전 세계 금융 기관들이 따라야 하는 국제 규칙과 같았어요. 금융 시스템의 문제점을 법과 제도로 수리해서 해결하고자 한 것이지요. 하지만 규제 비용 탓에 서민 대출이 줄고 기존 금융권에 대한 불신도 여전하자 2018년 미국은 규제를 일부 풀었습니다. 결국 법과 제도를 아무리 고쳐 써도 중앙 권력이 통제하는 금융 시스템 자체에 한계를 느끼는 사람들이 나올 수밖에 없는 것이지요.

인플레이션이 뭔데 문제라고 하는 걸까요?

뉴스에서 간혹 '경기가 좋다', '경기가 나쁘다'는 말이 나옵니다. 경기는 한 나라의 경제가 얼마나 활발하게 움직이는지 나타낸 것을 말해요. 경기가 좋다는 것은 소비와 투자, 생산 같은 경제 활동이 활발하다는 뜻이고, 경기가 나쁘다는 건 소비와 투자, 생산 등 경제 활동이 움츠러든 상태, 즉 불황이라는 뜻입니다. 경기가 좋으면 일자리가 많아지고 사람들의 소득도 늘어나 생활이 윤택해집니다.

다만, 경제 활동이 지나치게 활발해지면 문제가 생기기도 해요. 경제가 성장하면서 물가도 오르기 때문입니다. 사람들이 물건을 많이 사면 물건을 만들 원재료와 부품도 많이 필요합니다. 자연스레 원재료와 부품의 가격이 올라가지요. 이에 따라 직원의 임금도 오르고, 소득이 늘어난 사람들이 더 많은 물건들을 사면 또 가격이 오릅니다. 이렇게 물가가 오르는 현상을 '인플레이션(inflation)'이라고 합니다.

문제는 인플레이션이 지나쳐서 물건 가격이 사람들의 소득보다 더 높아지면 경기가 나빠지는 '불황'이 시작된다는 거지요. 경기가 나빠지면 소득이 줄어들어 사람들은 돈을 쓰지 않으려 하고, 기업도 투자를 망설이게 되면서 전반적인 경제가 위축됩니다. 이렇게 불황(스태그네이션 Stagnation)과 인플레이션이 함께 나타나는 현상을 '스태그플레이션(stagflation)'이라 합니다. 여기서 더 불황이 심해지면 경기 침체와 인플레이션 정도가 심각한 단계인 '슬럼프플레이션(slumpflation)'이 되고요.

금리는 어떻게 경기를 좋게도, 나쁘게도 만들 수 있을까요?

돈은 사람들 간의 거래를 통해 이곳저곳으로 이동합니다. 무역이나 송금으로 다른 나라로 가기도 하고, 개인이나 기업의 은행 예금으로 들어가기도 합니다. 지원금처럼 돈을 갑자기 많이 필요할 때는 나라의 중앙은행이 돈을 더 찍어 내기도 합니다. 그렇다 보니 시장에는 화폐가 부족할 때도 있고, 넘쳐 날 때도 있지요. 그리고 중앙은행은 시중에 돈이 얼마나 많고, 적은지에 따라 이자율, 즉 금리를 결정합니다. 즉, 금리를 보면 돈의 흐름과 경기를 예측할 수 있습니다.

1. 경기가 좋으면 금리는 오른다

경기가 좋다는 건 거래가 활발하다는 이야기입니다. 거래가 많아지면 소득도 늘어나니 개인들은 소비를 더 하고 기업들은 투자를 더 많이 합니다. 돈을 빌려 더 투자하려고 하기 때문에 대출도 많아지지요. 이처럼 돈을 쓰려고 하는 사람들이 많아지면 금리가 오릅니다.

2. 금리가 오르면 경기는 나빠진다

이렇게 금리가 오르다 보면 개인이나 기업은 대출 이자를 많이 내야 하니 투자를 해도 이익이 줄어들고 부담이 커집니다. 대출을 하지 않으려 하겠지요. 자칫 잘못 대출을 했다가는 큰 손해를 볼 수도 있으니까요. 점점 은행에서 돈을 빌리려는 사람들이 줄어들게 됩니다. 반면 예금 이자는 올랐기 때문에 은행에 돈을 맡기려는 사람들이 늘어납니다. 은행에 돈이 들어가 있으니 쓸 돈이 줄어 소비도 줄겠지요. 소비가 줄면 물건도 안 팔려 기업의 이익도 줄겠지요. 자연스럽게 경기는 나빠지게 됩니다.

3. 경기가 나쁘면 금리는 내려간다

경기가 나쁘다는 것은 생산, 소비, 투자 같은 경제 활동이 잘 이루어지지 않는다는 이야기입니다. 경제가 좋아야 나라가 잘 운영되는데 이것은 큰일 날 일이지요. 그래서 정부는 경기를 다시 좋게 만들기 위해 금리의 기준이 되는 '기준 금리'를 내리는 정책을 쓰기도 합니다. 물론 금리를 내린다고 다 바로 경기가 좋아지는 건 아닙니다. 경제는 다양하고 복잡한 거래들이 많기 때문입니다. 금리를 내리는 건 경제 문제를 해결하기 위한 방편으로 돈의 흐름을 조정하는 거랍니다.

4. 금리가 내려가면 경기는 좋아진다

금리가 내리면 이자에 대한 부담이 덜어지므로 은행에서 돈을 빌리는 일이 늘고, 개인, 기업의 소비나 투자가 늘어납니다. 처음의 1과 같은 상황이 된 것이지요. 자연스럽게 돈의 수요가 늘어나고 금리가 다시 높아집니다. 이렇게 경기와 금리의 관계를 파악할 수 있습니다.

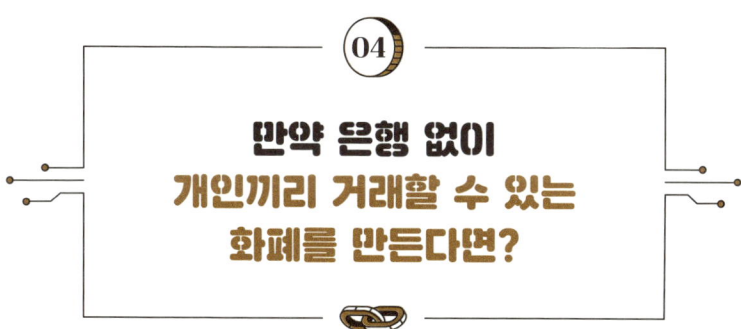

04

만약 은행 없이
개인끼리 거래할 수 있는
화폐를 만든다면?

서브프라임 모기지 사태 이후 금융 기관들의 행태에 사람들은 분노했습니다. 이 사건은 금융 기관과 정부에 대한 신뢰를 근본적으로 뒤흔들었지요. 하지만 평범한 시민들이 할 수 있는 일은 별로 없었습니다. 자본주의 사회에서 은행과 같은 금융 기관과 국가는 매우 중요한 존재이기 때문입니다.

금융 기관은 자본(돈)이 흐르는 통로입니다. 사람들의 돈을 모아 저축하거나 투자를 하면, 은행은 그 돈으로 필요한 곳에 자금을 공급하고, 기업이 성장할 수 있도록 지원하지요. 그 덕분에 경제 전반이 원활하게 움직입니다. 정부 역시 시장의 균형을 유지하고 위기에 대응하는 데 꼭 필요한 존재입니다. 정부는 시장에 그냥 맡겨서는 해결할 수 없는 불공정한 거래나 사람들 사이의 빈부 격차, 전쟁이나 사고 같이 뜻하지 않은 일로 생기는 경제 충격 같은 문제들을 조정해 주기 때문입니다.

이렇게 금융 기관과 정부는 완벽하진 않지만, 자본주의 사회가 무너지지 않도록 지탱해 주는 핵심 기둥입니다. 우리 모두 정부나 은행이 중앙에서 돈을 관리하고 유통하는 구조를 당연하게 받아들일 수밖에 없는 상황인 거지요.

금융 불신이 낳은 또 다른 상상, 은행 없는 세상을 꿈꾸다

돈이 어떻게 흐르느냐에 따라 사람들의 삶은 크게 달라집니다. 그런데 자기 잘못이 아닌데도 때때로 큰 손해를 보는 일이 생기지요. 거래하던 은행이 파산해서 문을 닫거나 개인정보를 유출해서 피해를 입게 되는 것처럼 말입니다. 이런 일들을 겪으면서 사람들은 점차 기존 금융 시스템에 대해 다시 생각하게 되었습니다. 대다수가 당연하게 받아들이는 정부나 은행이 중앙에서 돈을 발행하고 거래를 통제하는 방식에 의문을 갖고, 더 안전하고 공정한 방식을 고민하기 시작한 이들도 있었지요.

사토시 나카모토라는 사람이 그랬습니다. 사토시 나카모토는 이름으로 봐서는 일본인 같지만, 실제 일본인인지는 알 수 없습니다. 사토시 나카모토가 개인이 아니라 어떤 단체를 지칭한다는 이야기도 있지요. 어쨌든 이 사토시 나카모토란 사람이 2008년 10월 31일 전 세계 암호학 커뮤니티 사람들에게 「비트코인: 개인 간 전자화폐 시스템」이라는 제목의 9장짜리 논문을 보냅니다. 리먼 브라더스가 파산하고 채 6주가 지나지 않은 때였지요.

정체를 알 수 없는 사람이 이메일 주소 하나만 덜렁 써서 보낸 논문이었으니, 메일을 받은 암호학자나 프로그래머 대다수는 그 논문을 무시했어요. 답장을 보낸 일부 프로그래머들도 '은행이 필요 없

더 알아보기

P2P 란 무엇일까요?

P2P 는 Peer to Peer의 줄임말로, 인터넷 사용자들끼리 직접 데이터를 주고받는 것을 말합니다. P2P를 이용하면 별도의 공유 서버가 필요 없고, 거래 당사자들끼리 각자 컴퓨터를 네트워크로 연결하기만 하면 데이터를 쉽게 공유할 수 있습니다.

예를 들어, 중고 거래로 게임기를 산다고 해봅시다. 중고 거래는 시장이나 온라인 쇼핑몰에서 물건을 사고파는 게 아니라 여러분이 직접 물건을 파는 사람과 거래합니다. 여러분은 중간 수수료를 시장이나 온라인 쇼핑몰에 내지 않아도 되지요. 이와 마찬가지로 P2P를 이용하면 중앙 기관의 관리나 간섭 없이 자유롭게 데이터를 주고받을 수 있습니다.

는 완전한 P2P 방식의 새로운 현금 시스템을 개발했다'는 내용에 코웃음을 쳤지요.

암호학자인 할 피니만은 달랐습니다. 그는 사토시 나카모토가 논문에서 쓴 이론이 가능하다고 보았어요. 할 피니는 사토시의 프로젝트에 합류했고 덕분에 그는 첫 '비트코인'을 전송받은 사람이 되었습니다. 네, 바로 그 유명한 '비트코인' 말입니다. 최초의 암호 화폐는 이렇게 탄생했습니다.

할 피니처럼 관심을 갖고 참여한 몇몇 사람들 덕분에 비트코인은 세상에 나올 수 있었습니다. 사토시 나카모토는 비트코인을 은행에 의지하지 않는 형태로 만들었습니다. 그에 따르면, 비트코인은 '정부나 은행 없이도 사람 사이 거래에 이용할 수 있는 돈'이었지요.

비트코인 탄생의 숨은 조역들

지금까지 인류가 사용해온 모든 화폐가 그렇듯, 비트코인 역시 하루아침에 만들어진 것은 아니었습니다. 사토시 나카모토의 비트코인 이전에도 많은 사람들이 중앙의 관리 없이 거래할 수 있는 돈을 만들려고 시도했습니다. 대부분 실패로 끝났지만, 그 시도들이 남긴 장점들이 모이고 모여 비트코인을 탄생시켰지요. 과연 어떤 시도들이었는지 잠깐 살펴볼까요?

1. e캐시, 사용자의 신분을 알리지 않고 돈을 거래하다

1990년대 이후 인터넷은 전 세계로 퍼져 나갔습니다. 인터넷은 네트워크 연결망만 있으면 사람과 사람이 쉽게 연결될 수 있고 익명으로 활동할 수 있어서 '자유'의 상징이 되었지요. 인터넷이 진정한 자유를 찾는 혁명의 시작일 거라는 기대도 있었지만 상황은 반대였어요. 인터넷이 발달하자, 기업과 정부가 온라인으로 사람들을 감시하고 통제하는 기술이 발달했습니다. 내가 인터넷에서 어떤 이야기를 하고 무엇을 구매하는지 기업과 정부는 알 수 있었지요.

그런데 이렇게 컴퓨터화된 사회가 가져올 감시와 통제의 위험성을 미리 경고한 사람이 있었습니다. 바로 컴퓨터 과학자인 데이비드 차움이지요. 그는 1985년 신분 노출 없는 보안 체계와 추적 불가능한 전자 화폐에 관한 논문을 발표하며 그 해결책을 제시했습니다. 차움은 개인이 정부의 감시에서 벗어나 익명으로 안전하게 거래할 수 있는 시스템을 꿈꿨던 것이지요.

이후 차움은 추적이 불가능한 전자 화폐를 개발하기 위해 1990년 네덜란드에 '디지캐시(DigiCash)'라는 회사를 창업했습니다. 여기에 닉 재보라는 컴퓨터 공학자가 들어왔습니다. 1993년 차움과 닉 재보는 컴퓨터 네트워크를 통해 거래할 수 있는 익명성이 보장된 디지털 화폐인 'e캐시(e-cash)'를 출시했습니다.

그들은 돈을 보내는 사람이나 받는 사

디지캐시 로고
©David Chaum - https://www.crunchbase.com/, CC BY-SA 4.0, https://commons.wikimedia.org/w/index.php?curid=113010445

람의 이름, 개인정보는 다른 사람이 알 수 없게 감추고, 대신에 그 돈이 진짜인지, 또 같은 돈을 두 번 쓰지 않았는지를 은행이 확인할 수 있게 만들었어요. '누가' 돈을 보냈는지는 비밀이지만, '그 돈이 진짜인지'는 알 수 있는 시스템이었지요. 즉 e캐시는 은행이라는 중앙 집중 시스템을 이용하면서도 사용자의 익명성을 보장할 수 있었습니다. 이 시스템 덕분에 e캐시는 최초의 암호 화폐로 불렸고 차움은 '암호 화폐의 아버지'라는 호칭을 얻었지요.

차움의 회사 디지캐시는 처음에는 제법 잘해 나갔습니다. 차움은 네덜란드 정부, 독일 주요 상업 은행인 도이체방크, 스위스의 글로벌 투자 은행인 크레디트스위스 등과 계약을 맺고 마이크로소프트, 비자카드로부터 지원을 받았습니다.

하지만 미국 정부는 e캐시의 익명성을 못마땅해했어요. e캐시는 보안에 취약해 해킹으로 거래 잔액을 엉망으로 만들기도 쉬웠습니다. 또 전자 화폐가 태생적으로 지닌 '이중지불' 문제를 직접 해결하지 못해 은행에 기대야 했습니다. e캐시를 은행에 연계해서 '중앙집중 시스템' 방식으로 만든 거지요. 만일 은행이 e캐시 사용을 거절하면 누구도 e캐시를 사용할 수 없었지요. 아니나 다를까 은행들이 위험하고 수익성이 없다는 이유로 e캐시를 외면하자 디지캐시는 내리막길을 걷고 결국 파산했습니다.

2. 해시캐시, 작업 증명으로 데이터 위변조를 막다

영국의 암호학자 아담 백은 1997년, 스팸 메일을 줄이기 위해 '해시캐시(Hashcash)'라는 암호 기술을 만들었습니다. 해시캐시는 특정한 계산을 완료했다는 걸 증명하는 디지털 스탬프, 즉 '전자 도장' 같은 것이었습니다. 새로운 화폐 이야기를 하다 갑자기 전자 도장이라니 이상하게 들릴지도 모르겠습니다. 그런데 아담 백의 해시캐시는 분명히 비트코인과 관련이 있습니다.

그가 해시캐시를 만들 때, 1993년 컴퓨터 과학자 신시아 더크와 암호학자 모니 나오르가 고안한 '작업 증명(Proof of Work, PoW)'을 사용했습니다. 작업 증명은 컴퓨터로 하여금 특정한 조건에 맞는 숫자인 해시값을 찾을 때까지 복잡한 계산을 계속 반복하게 만드는 것을 말합니다. 그리고 이 해시값은 데이터의 지문과 같은 역할을 하지요. 데이터가 조금이라도 바뀌면 해시값도 완전히 달라지기 때문입니다. 그래서 나중에 해시값을 비교하여 원본 데이터가 변조되었는지 확인할 수 있습니다. 마치 도장을 찍어 원본 문서가 진짜임을 증명하는 것처럼, 해시캐시를 통해 데이터가 진짜라는 것을 디지털

방식으로 '도장 찍어' 보장한 것이지요.

이런 식으로 메일 하나를 보낼 때마다 작업 증명을 하게 되면, 대량으로 스팸 메일을 보내기 어려워집니다. 시간과 비용이 너무 많이 들거든요. 일부러 메일을 보낼 때 돈이 많이 들고 번거롭게 만들어서 스팸 메일을 줄이려는 게 바로 해시캐시의 목적이었습니다.

해시캐시는 한때 스팸 어쌔신(SpamAssassin) 같은 스팸 메일을 걸러주는 프로그램에서 실제로 사용되기도 했습니다. 마이크로소프트(Microsoft)도 잠시 이 기술을 이메일 인증에 활용한 적이 있지요. 다만 시간이 지나면서 더 효율적인 스팸 차단 기술들이 개발되면서 사용되지 않게 되었습니다. '캐시'라는 이름에도 불구하고 화폐처럼 거래 수단으로 사용된 건 아니지만, 이 기술에서 사용된 '작업 증명'이 비트코인의 탄생에 결정적인 역할을 하게 됩니다.

3. 비트골드, 다수의 참가자가 은행처럼 감시자 역할을 하다?

닉 재보는 차움의 실패 이후 디지털 화폐를 물건을 거래하기 위한 교환 수단이 아니라 '자산'으로 만들려고 했습니다. 안전하고 절대적으로 믿을 수 있는 소위 '디지털 금' 같은 디지털 화폐를 구상한 거예요. 마치 금본위제도의 금처럼 희소성이 있고 위조할 수 없는 형태로요.

비트골드에서 중요한 점은 돈을 만들고 기록하는 과정을 중앙 기관 없이 '참가자'들이 함께 관리하도록 한 점이에요. 여기서 참가자는 비트골드를 얻거나 검증에 참여하고자 하는 사람들을 뜻합니다. 즉, 특별한 기관이나 중앙 관리자가 아니라 인터넷에 연결된 일반 개인이나 연구자, 컴퓨터를 가진 누구나 퍼즐을 풀고 기록을 검증할 수 있는 사람들이지요.

그래서 그는 금을 채굴해야 얻을 수 있듯, 가상 화폐도 복잡한 계산 문제(작업 증명)를 풀어야 얻을 수 있도록 설계했습니다. 이런 계산을 통해, 사람들이 새로운 디지털 화폐를 '교환 수단'이 아니라 '가치 저장 수단' 즉, 디지털 금으로 받아들이기를 기대했습니다. 닉 재보는 국가나 중앙은행의 개입 없이도 언제나 믿을 수 있는 가치를 지니는 화폐를 구상한 거예요. 1998년, 재보는 이러한 개념을 담아 '비트골드(Bit Gold)'를 설계해 발표했습니다.

이 참가자들은 컴퓨터를 이용해 복잡한 암호 퍼즐을 푸는 방식으로 새로운 비트골드를 만들어 내려고 했습니다. 이 퍼즐은 특정한 수학 문제 형태였고, 참가자가 문제를 풀면 해답을 기록하고 그 기

난 중앙 기관 없이 참가자들이 함께 검증해줘.
참가자 누구나 문제를 풀고 보상으로 나를 받을 수 있어.

록을 검증하면 비트골드가 생성되는 구조였어요. 그리고 퍼즐을 풀고 해답을 기록한 사람이 보상을 받도록 설계되었지요.

참가자들이 푼 해답 기록은 공개된 서버나 네트워크에 저장되어, 다른 참가자들이 검증할 수 있었습니다. 이렇게 모두가 기록을 확인하고 검증하면서, 데이터가 시간 순서대로 연결되어 블록처럼 이어지는 구조를 만들 수 있었지요.

하지만 당시 기술로는 퍼즐을 충분히 빠르게 풀고, 모든 기록을 네트워크에 안전하게 연결하고 검증하는 일이 현실적으로 어려웠어요. 비용 또한 많이 들었지요. 결국 비트골드는 실제로 만들어지지 않았습니다. 그럼에도 비트골드는 누구나 기록을 검증할 수 있는 '탈중앙화'와 복잡한 계산을 해야만 화폐를 얻을 수 있는 '작업 증명'이라는 중요한 개념을 모두 화폐를 만들기 위해 도입했습니다. 이 아이디어는 나중에 비트코인으로 이어지면서 실제 디지털 암호 화폐 시스템의 기반이 되었지요.

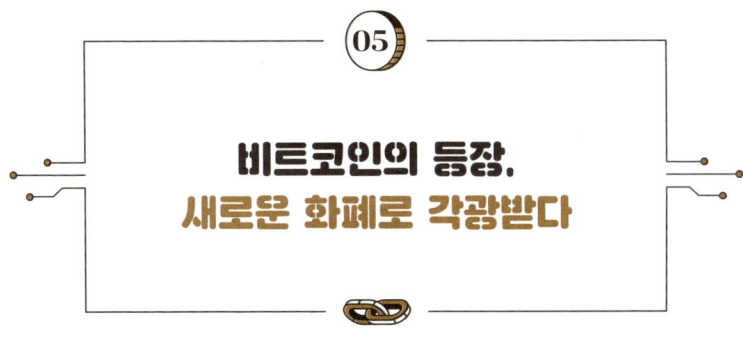

05

비트코인의 등장, 새로운 화폐로 각광받다

　보통 화폐는 그 나라의 정부 기관과 은행이 도맡아 발행하고 관리합니다. 우리나라의 경우 화폐는 법에 따라 한국은행에서 발행 계획을 세우고 한국조폐공사에서 발행합니다. 비트코인은 이런 정부 기관이 관여하지 않고 만들어진 화폐입니다. 당연히 정부나 은행이 비트코인을 관리하지도, 중개하지도 않습니다. 또, 비트코인은 대부분의 나라에서 법정 화폐가 아니기 때문에 비트코인 거래소나 개인 간 거래 등을 통해서 현금으로 바꿀 수 있지요.

은행의 반대말을 찾아서
- 탈중앙집중, 익명성, 보안성

많은 사람들이 비트코인을 말할 때 가상 화폐나 전자 화폐라는 용어를 쓰곤 합니다. 하지만 정확하게는 '암호 화폐(cryptocurrency)'가 공식 용어입니다. 가상 화폐나 전자 화폐는 물리적인 화폐가 아니라 디지털상에 존재한 사이버 머니, 포인트 등을 모두 포함하는 말이기 때문이지요. 물론 암호 화폐 역시 가상 화폐나 전자 화폐처럼 우리 손에 쥘 수 있는 물리적인 실체가 없습니다. 그래서 자연스럽게 이런 의문이 생깁니다.

"은행이나 기업이 발행하고 보증하는 사이버 머니나 포인트도
아니고, 블록체인 네트워크 참여자들의 합의로만 유지될 뿐인
형체 없는 암호 화폐를 어떻게 믿고 쓸 수 있을까?"

이 질문에 대한 해답이 바로 보안을 위한 '암호화 기술'입니다.

암호화 기술이란, 중요한 정보를 알아볼 수 없게 바꾸는 기술이에요. 예를 들어, 여러분이 스마트폰으로 은행 앱에 로그인할 때 입력하는 비밀번호는 암호화되어 저장됩니다. 그래서 누군가가 훔쳐보더라도 내용을 알 수 없지요. 이처럼 온라인에서 안전하게 정보를 주고받기 위해 암호화 기술은 꼭 필요합니다.

비트코인은 암호화 기술을 이용해, 사용자의 신원을 드러내지 않고(익명성)도 돈을 주고받을 수 있게 했어요. 마치 데이비드 차움의 'e캐시'처럼요. 또, 누구나 비트코인 지갑만 있으면 은행 없이도 거래할 수 있게 만들었지요. 비트코인은 은행 같은 중앙 기관 없이 사람들이 직접 거래할 수 있는 구조, 즉 '탈중앙화'를 이루었습니다.

이렇게 암호화 기술 덕분에 은행 없이도 거래는 가능해졌습니다. 이제 남은 문제는 하나뿐입니다. 바로 '이중지불' 문제입니다. 은행은 돈을 한 번 쓴 사람이 같은 돈을 또 쓰는 일을 막아 주는 역할을 했지요. 하지만 은행이 없다면, 이 역할은 누가 대신할 수 있을까요?

비트코인은 이 문제를 해결하기 위해 '작업 증명'을 떠올립니다. 누군가가 비트코인을 누구에게 보냈다는 거래 정보가 생기면, 그 정보는 네트워크 전체에 퍼지고, '채굴자'라고 불리는 여러 참가자들이 컴퓨터 연산을 통해 이 거래가 진짜인지 검증합니다.

쉽게 말해, 비트코인에서는 거래가 진짜인지 확인하려면 '복잡한 수학 문제'를 푸는 경쟁을 해야 하는 것이지요. 이 문제는 그냥 계산기만으로는 풀 수 없고요. 컴퓨터로 오랜 시간 수많은 계산을 반복해야 풀 수 있습니다. 이 문제를 가장 먼저 푼 사람만이 해당 거래를 블록에 기록할 권리를 얻습니다. 이렇게 기록된 거래는 인터넷을 통해 연결된 모든 참가자, 즉 지갑을 가진 사용자들에게 공유됩니다. 사용자가 전 세계 어디에 있든, 모든 사람의 컴퓨터에 동일하게 기록이 전달되는 것이지요. 덕분에 누구도 마음대로 거래를 바꿀 수 없고, 모두가 이 거래를 진짜 거래로 인정하게 됩니다.

이처럼 작업 증명 방식은 거래가 진짜인지 확인하고, 동시에 같

은 돈을 두 번 쓰는 이중지불을 막는 중요한 역할을 합니다. 그리고 이 장부(블록)들이 여러 개 이어지면 '블록체인'이 됩니다. 체인처럼 앞 블록과 다음 블록이 연결돼 있어 기록을 바꾸거나 복사하는 것이 거의 불가능하지요. 그래서 비트코인에서는 이중지불 문제가 일어나지 않게 되는 것입니다. 또한, 이 거래 기록은 은행 서버처럼 딱 한 곳에만 저장되는 게 아니라, 전 세계 수많은 사용자들의 컴퓨터에 동시에 분산되어 저장됩니다. 덕분에 누군가가 해킹을 하거나 정보를 조작하는 것도 거의 불가능합니다. 결국 비트코인은 암호화 기술, 작업 증명, 블록체인 구조를 통해 '익명성', '탈중앙화', '보안성'을 모두 갖춘 디지털 화폐로 발전하게 된 거예요.

앞으로 새로운 화폐가
필요한 이유

사실 블록체인 기술은 꽤 불편합니다. 효율적인 것도 아니지요. 그도 그럴 것이 블록체인 기술은 '더 편해지기 위해' 나온 기술이 아니기 때문입니다. 개인이 정부나 은행처럼 중앙 기관에 의존하지 않고도 자산을 안전하게 보관하고 자유롭게 거래할 수 있도록 고안된 기술이지요. 블록체인을 이용하면 개인정보를 전부 드러내지 않아도 거래할 수 있고, 중앙의 결정으로 인해 자산 가치가 급격히 변하거나 손해를 입는 상황에서 벗어날 수도 있거든요. 편리함이나 효율성을 기대한 것이 아니라 새로운 화폐를 만들기 위한 목적으로 나온 기술이에요.

마치 민주주의 제도와 같습니다. 민주주의의 꽃인 선거를 치르기 위해 우리는 많은 비용과 시간을 투자합니다. 반대 의견도 자유롭게 듣기 위해 불편함도 감수하지요. 민주주의는 효율적이지도 빠르지도 않습니다. 하지만 지금까지 나온 정치 제도 중 가장 합리적인 제도입니다. 그리고 민주주의 사회에서 사람들은 자유롭게 행동할 수 있지요.

블록체인 기술 역시 민주주의 제도처럼 매우 번거롭고 시간이 많이 필요합니다. 또, 전기를 많이 사용해서 환경에 나쁜 영향을 미칩니다. 그렇지만 우리가 직접 돈을 생산해내고, 사용할 수 있게 만듭니다. 블록체인 기술 덕분에 우리는 은행이나 정부의 감시 없이 돈 거래를 할 수 있습니다. 우리가 어디에 돈을 쓰고 무엇을 사는지 은행이나 정부가 알지 못하게 할 수 있지요.

심지어 전쟁 등으로 은행이 파괴되고, 정부 기관이 마비되었을 때도 비트코인과 같은 암호 화폐는 우리가 계속 돈을 쓸 수 있게 해줍니다. 실제로 러시아-우크라이나 전쟁이 일어나 러시아가 우크라이나의 은행들을 공격했을 때, 우크라이나 시민들은 은행 없이도 돈을 쓸 수 있었습니다. 비트코인을 통해서요. 시민들은 비트코인을 온라인이나 암호 화폐 결제 서비스에서 직접 사용하거나, 현지 돈으로 바꿔 생필품을 구매했지요. 우리나라를 포함한 세계 각지에서 사람들은 비트코인을 모아 우크라이나에 기부했습니다. 이렇게 블록체인 기반 화폐는 전통적인 은행 시스템이 마비된 상황에서도 사람들에게 경제적 도움을 줄 수 있습니다.

무엇보다 기축 통화를 가진 미국의 달러 정책에도 맞설 수 있는 가능성을 보여 줬습니다. 미국의 달러 정책은 전 세계 경제에 큰 영향을 미칩니다. 2008년 서브프라임 모기지 사태가 일어났을 때 미국의 금융 위기는 유럽을 비롯한 여러 나라들까지 위기로 몰아넣었지요. 당시 월가(뉴욕에 있는 금융 거래 중심지)에 대한 비판만큼이나 미국의 달러 패권에 대한 비판도 많았습니다. 특정 국가의 정책에 휘둘리지 않는 탈중앙화된 새로운 화폐가 필요하다는 목소리도 나왔지요. 이때 비트코인이 하나의 대안으로 떠오른 것입니다.

다만, 비트코인과 같은 암호 화폐의 미래는 완벽히 결정되지 않았습니다. 이 놀라운 시도가 지금까지 돈이 흘러온 길을 어떻게 변화시킬지, 어디로 안내할지 아직 알 수 없지요. 그래서 지금이야말로 우리 모두가 함께 질문하고 공부해야 할 때입니다. '앞으로 우리에게 진정 필요한 돈의 형태가 무엇일까?', '블록체인이 정확히 무엇이고, 우리는 이 기술을 어떻게 써야 하는가?'라는 고민 말이지요.

PART 02

비트코인과
블록체인,
새로운 금융의
가능성을 열다

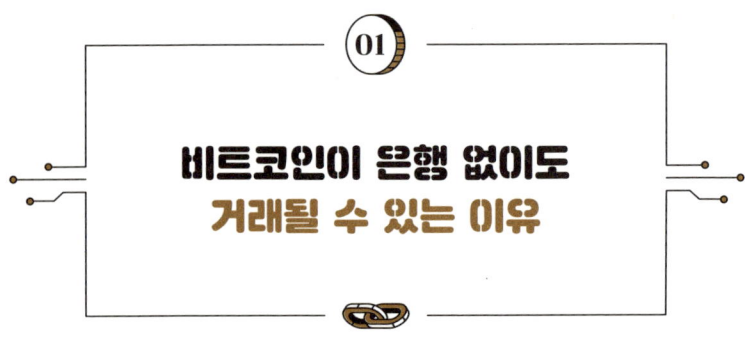

비트코인이 은행 없이도
거래될 수 있는 이유

앞장에서 살펴본 것처럼, 비트코인을 만든 사토시 나카모토는 비트코인을 달러처럼 세상에서 널리 쓰일 수 있는 '화폐'로 만들고자 했습니다. 그런데 비트코인이 통화가 되려면 물건을 살 수 있고(교환 매개), 물건 값을 나타내고(가치 척도), 자산이 되는(가치 저장) 기능을 해내야 합니다. 그것도 은행 없이요. 그러니까 비트코인은 화폐의 기능을 갖추는 것은 물론이고 은행이 하는 역할을 스스로 해낼 수 있어야 했지요.

검증과 보관,
은행이 하는 일을 대신해 주는 기술을 만들다

우리가 인터넷이나 모바일로 돈을 주고받을 때, 직접 돈을 주고받지 않고 꼭 은행을 통해 주고받습니다. 은행은 중앙에서 모든 거래를 확인하고 거래 명세를 보관하지요. 예를 들어 볼게요. 서준이라는 사람이 민아라는 사람에게 100만 원을 송금한다고 합시다.

1) 민아에게 송금하는 100만 원이 디지털 데이터(숫자)로 서준이가 사용하는 계좌가 있는 A은행의 내부 장부에 출금 기록으로 반영됨.
2) 1)의 거래에 따라 민아가 사용하는 계좌가 있는 B은행의 내부 장부에 입금 기록이 반영됨.
3) 금융결제원이 A은행과 B은행이 서로 주고받은 송금 정보, 즉 거래 정보를 갖게 됨. 금융결제원은 이 정보를 모음.
4) 금융결제원은 여러 은행의 거래를 모아 각 은행이 얼마를 더 내야 하고, 얼마를 받아야 하는지를 계산함. 이 결과를 한국은행에 보내면, 한국은행은 은행들 사이의 계좌 숫자를 조정해 거래를 최종적으로 끝냄.

이때 실제 돈이 아닌 '디지털 데이터(숫자)'들만 오고 갑니다. 실제 돈은 하루가 지난 다음에 금융결제원에서 한국은행으로 보내지요. 그러면 한국은행은 각 은행들의 모든 거래를 책임지고 맡아 관리합니다. 한국은행은 은행들의 은행이거든요. 그래서 각 은행들의 계좌

를 갖고 있습니다.

이게 바로 우리나라에서 사용하는 중앙 집중식 금융 시스템인 '지급결제 시스템'입니다. 실제 돈을 이체하기 전에 은행에서 확인하고 검증한 데이터만으로 먼저 거래합니다. 덕분에 우리는 실시간으로 돈을 보낼 수 있지요. 그러니까 은행은 믿을 수 있는 금융 거래를 위해 두 가지 일을 합니다.

첫째는 보관입니다. 은행은 거래 명세가 담긴 장부를 안전하게 보관합니다. 누가 누구에게 돈을 보냈는지, 누가 돈을 얼마 가지고 있는지에 대한 데이터를 은행 서버에 잘 보관합니다.

둘째는 검증입니다. 은행은 거래에 문제가 없는지 확인합니다. 보낸 이가 돈을 중복해서 보내지 않았는지, 잔고가 없는데 돈을 보내지는 않았는지 등을 확인하지요. 그리고 문제가 되는 거래 기록은 걸러 냅니다.

결국 비트코인을 현재 우리가 널리 사용하는 통화인 달러나 원처럼 사용하기 위해서는, 은행이 해오던 두 가지 중요한 일을 스스로 해야 합니다. 바로 '누가 누구에게 돈을 보냈는지 기록하는 일(보관)'과 '그 거래가 진짜인지 확인하는 일(검증)'이지요. 이를 가능하게 해주는 기술이 바로 블록체인입니다.

사토시 나카모토는 블록체인을 활용해서 비트코인을 만들겠다는 아이디어를 단 9쪽짜리 논문(https://bitcoin.org/bitcoin.pdf)으로 발표했어요. 논문 안에는 블록체인을 통해 거래를 기록하고, 검증하고, 여러 사람과 함께 처리할 수 있는 방법이 모두 담겨 있지요. 그럼 지금부터 사토시 나카모토가 비트코인을 어떻게 가능하게 만들었는지 자세히 알아볼까요?

블록체인의 핵심 기술 세 가지!
분산 저장, 암호화 기술, 합의 알고리즘

혹시 여러분은 용돈 관리를 어떻게 하고 있나요? 용돈 기입장이나 다이어리를 쓰는 친구도 있을 테고, 토스나 카카오뱅크와 같은 모바일 금융 애플리케이션을 사용하는 친구도 있을 것입니다. 아니면 부모님과 함께 KB국민은행이나 신한은행, 지역은행이나 농협 같은 제1금융권 은행에 가서 통장과 카드를 만들어 쓰는 친구들도 있겠지요.

어떤 방식으로 용돈을 관리하든 은행을 이용하는 한, 여러분은 자기만의 통장 하나가 꼭 있을 것입니다. 이 통장에는 돈이 들어온 입금 명세, 그리고 돈을 쓴 흔적인 출금 명세, 남아 있는 돈에 대해 은행이 지급한 이자 등 돈이 드나든 기록들이 모두 나와 있겠지요. 누가 여러분한테 돈을 주고 누구에게 돈을 보냈는지까지 모두 확인할 수 있을 것이고요. 그리고 기본적으로 은행이 거래 내용을 기록하고 나면 여러분만 자기 통장을 관리하겠지요.

비트코인은 블록체인을 이용해, 우리가 흔히 쓰는 통장처럼 거래 내용을 기록하는 장부를 만듭니다. 대신 이 장부는 일반적인 통장처럼 한 사람만 갖는 것이 아니라 네트워크에 참여하는 모든 사용자들이 동일한 사본을 나눠 가집니다. 여기서 중요한 점은, 각 사용자의 신원은 익명으로 처리되기 때문에, 개인의 거래 내역이 그대로 공개되지는 않지요.

그런데 이렇게 많은 사람이 장부를 나눠 갖는다고 해서, 자동으로 믿을 만한 기록이 되는 것은 아닙니다. 누군가 장부를 위조하거나 조작하지 않았다는 것을 확인할 수 있어야 하거든요. 그렇다면, 이 많은 사람들이 함께 나누는 장부를 안전하고 신뢰할 수 있게 만드는 방법은 무엇일까요?

핵심기술 1.
분산 저장, 네트워크 참여자들이 모두 기록을 보관한다

여러분 반에서 체육대회를 준비한다고 가정해 봅시다. 반티도 사고, 다 같이 먹을 간식거리도 사려고 반 친구 25명이 함께 회비를 걷었습니다. 보통 이럴 때, 총무 한 명이 회비를 맡아 관리하지요. 우리가 우리 용돈을 특정 은행에 믿고 맡기는 것처럼요.

하지만 여기서는 반 친구 25명 모두가 함께 회비를 관리할 거예요. 똑같은 회비 장부를 노션이나 구글 등 공유 문서 형태로 하나씩 나누어 갖는 것이지요. 새로 무언가를 살 때마다 25명 모두 자기가 갖고 있는 장부에 지출 내역을 동시에 기록하고요.

언뜻 거추장스럽고 번거롭게만 보입니다. 그런데 이렇게 하면 총무 한 명이 실수로 기록을 통째로 날려 버릴 위험이 없어서 안심할 수 있습니다. 25명 모두가 회비 장부라는 실시간 복사본을 가지고 있는 셈이라, 한 명의 기록이 잘못되어도 나머지 친구들이 갖고 있는 장부로 언제든 복구할 수 있기 때문이죠. 또, 누구도 다른 사람들 몰래 회비 액수를 고치거나 돈을 마음대로 빼낼 수 없어요. 한 명이 자기 장부를 슬쩍 수정하더라도, 나머지 장부와 대조해 보면 금방 거짓말이라는 것이 탄로 날 테니까요.

블록체인 네트워크가 바로 이런 원리입니다. 특정 관리자 한 명에게 의존하는 대신, 참여자 모두가 똑같은 장부를 나누어 갖고, 기록을 공동으로 관리하는 것이죠.

여기서 기록이 가득 찬 장부 한 페이지가 바로 '블록(Block)'이 됩니다. 종이 한 장에 쓸 수 있는 줄 수가 정해져 있듯이, 블록도 담을 수 있는 거래량이 정해져 있어서 페이지를 넘기듯 새로운 블록을 계속 만들어야 하거든요. 이렇게 기록이 끝난 페이지(블록)들을 순서대로 단단히 엮어 하나의 장부(체인)로 만드는 것, 그것이 바로 '블록체인(Blockchain)'입니다. 마치 낱장으로 흩어지지 않게 페이지마다

번호를 매기고 튼튼한 끈으로 제본한 것과 같은 모습이지요.

핵심 기술 2.
블록체인의 위조와 변조를 막아 주는
암호화 기술, 해시함수

**블록체인의 기본 단위 '블록',
그 안에는 무엇이 들어 있을까?**

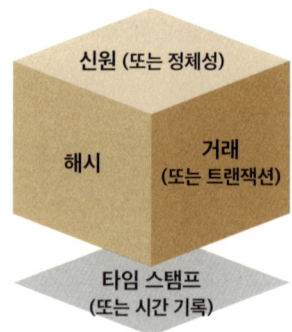

★ **해시(Hash)** 블록과 이전 블록을 연결하고 위변조를 막는 디지털 지문.

★ **트랜잭션(Transaction)** 돈을 보낸 사람과 받은 사람, 금액 정보가 담긴 거래 내역.

★ **타임 스탬프(Time stamp)** 블록이 생성된 시점을 기록하는 네트워크 기준 시간.

★ **신원/정체성(Identity)** 지갑 주소와 디지털 서명 등 거래 주체를 식별하는 인증 정보.

블록에는 거래 내역(이를 '트랜잭션'이라고 합니다) 즉, 돈을 보낸 사람과 받은 사람, 거래 금액이 데이터로 들어 있습니다. 이렇게 만들어진 블록의 내용은 모두 암호화되어 '봉인'됩니다. 이때 블록에 담긴 거래 내용이 단 한 글자라도 바뀌면 이 봉인이 풀리지요. 봉인이 풀린 장부는 전체 참여자들이 진짜로 인정해 주지 않습니다. 즉 네트워크에서 진짜 '블록'으로 인정받지 못합니다. 그 블록은 '변조'된 것으로 보고 바로 네트워크에서 버려집니다.

그런데 내용이 바뀐 것을 사람들이 어떻게 알 수 있냐고요? 그건 바로 해시값 덕분입니다. 블록에는 거래 내역과 함께 앞 블록의 해시값이 들어 있습니다.

'해시'는 수학 함수의 일종입니다. 함수란 입력값을 넣으면 출력값을 내보내는 단순한 상자(함)이지요. 마치 자판기 같습니다. 여러분이 자판기에 돈을 넣고 버튼을 누르면 여러분이 고른 상품이 나옵니다. 여러분이 콜라를 골랐는데, 사이다가 나오지는 않지요. 함수 역시 이렇게 입력 값에 따라 그에 맞는 다른 출력 값을 만들어 냅니다.

해시함수도 어떤 값을 입력하면 결과값이 나오는 '함수'입니다. 다만 해시함수는 어떤 데이터를 넣든지, 딱 정해진 길이의 결과를 줍니다. 그리고 해시함수로 만들어 낸 결과가 바로 '해시'이지요.

그림에서 여우(Fox)란 단어를 해시함수 SHA-1에 입력했더니 숫자와 영어 대문자가 섞인 결과값이 나왔습니다. 아울러 '붉은 여우가 얼음을 가로질러 뛰고 있다(The red fox runs across the ice)'나 '붉은 여우가 얼음 위를 가로질러 걷고 있다(The red fox walks across

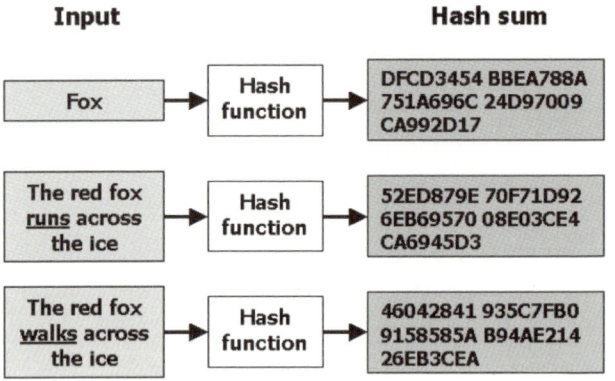

Input		Hash sum
Fox	Hash function	DFCD3454 BBEA788A 751A696C 24D97009 CA992D17
The red fox <u>runs</u> across the ice	Hash function	52ED879E 70F71D92 6EB69570 08E03CE4 CA6945D3
The red fox <u>walks</u> across the ice	Hash function	46042841 935C7FB0 9158585A B94AE214 26EB3CEA

해시함수 SHA-1을 활용한 해시 결과값 예시

the ice)'는 문장도 해시함수를 거치면 숫자와 영어 대문자가 섞인 결과값이 나옵니다. 이 두 문장은 '뛰고 있다(runs)'나 '걷고 있다(walks)'는 단어 외에는 모두 같은 단어로 되어 있는데도 결과값 전체가 아예 달라졌습니다. Hash sum 부분에 숫자와 영어 대문자만 봐서는 원래 어떤 데이터를 여러분이 해시함수에 넣었는지 알 수 없지요. 여러분도 한번 해시함수로 해시 결과값을 만들어 볼까요?

해시함수 SHA-256을 사용해서 단어를 해시값으로 바꿔 주는 웹사이트

저는 해시함수 SHA-256를 이용해서 '사랑'과 '그리워'란 단어를 해시로 바꿔 보았습니다.

'사랑' =

'E055AEF40C11C064BEED82D64DF3490E70F860D46D5B55
CECE19BD1E08F3100E'

'그리워' =

'F9031FD70F96B1EC6B3B331E353F7E97436FFA74145E870A2
79C859F18695A7D'

'사랑'은 두 글자, '그리워'는 세 글자지만, 둘 모두 64자로 같은 길이의 데이터로 바뀝니다. 그렇다 보니 해시함수는 출력값만 보고는 입력값을 알아내기 어렵습니다. 대신 입력값을 알면 출력값은 바로 확인할 수 있지요. 다음과 같은 특징 덕분에요.

1) 해시는 일방향 함수다. 따라서 출력값으로 입력값을 알 수 없다.
2) 입력값은 무엇이든 될 수 있지만, 출력값의 형식은 정해져 있다. 뭘 넣든 숫자가 나온다.
3) 같은 입력값을 넣으면 반드시 같은 출력값이 나온다. 그래서 해시함수에서 입력값을 알면 출력값을 바로 확인할 수 있다.
4) 입력값에서 한 글자만 달라져도 완전히 다른 출력값이 나온다.

이렇게 데이터마다 다 다른 해시값을 갖기 때문에 해시값은 마치 사람의 지문처럼 '데이터의 신원'을 보장하는 역할을 해요. 그래서 앞서 블록체인의 블록들이 위조나 변조를 하기 어렵다고 한 것입니다. 그럼 본격적으로 해시를 넣은 블록을 블록체인에 추가해 봅시다.

블록체인에 블록을 추가하는 법
① 블록에 들어갈 거래 내역 데이터(트랜잭션)를 모음 → ② 이번 블록에 기록할 거래 내역(트랜잭션)과 함께, 앞 장부와 연결되었다는 증거인 '이전 블록의 해시값'을 가져와서 준비 → ③ ②에서 준비한 거래 내역(트랜잭션), 이전 블록 해시 등을 하나의 데이터 덩어리로 합침 → ④ ③에서 합친 것을 해시함수에 넣어 해시로 만들기 → ⑤ 블록을 봉인 → ⑥ 블록 한 개 완성 → ⑦ 블록체인에 블록 추가

새로 블록을 쌓을 때마다 이전 블록 해시를 포함해서 데이터를 합치는데요. 새로 생기는 블록들은 모두 이전 해시를 그 안에 품고 봉인됩니다. 그렇다 보니 모든 블록들은 결국 똑같은 해시, 즉 '최초로 만들어진 블록의 해시'를 품게 되지요. 이 최초의 해시를 엮어 사슬처럼 연결하는 거예요.

다음 그림을 살펴볼까요? 2번 블록에는 1번 블록의 해시를 포함해 해시가 만들어지고, 3번 블록은 2번 블록의 해시를 포함해 해시가 만들어집니다. 그래서 1번 블록 속 해시가 2번 블록을 통해서 자동으로 3번 블록에도 들어가게 되는 거지요.

그런데 만약 갑자기 누군가 2번 블록의 내용, 즉 데이터(거래 내역)를 몰래 바꾸면 어떻게 될까요? 일단 2번 블록의 데이터가 바뀌면

블록체인 블록들과 해시가 연결되는 과정을 다룬 그림

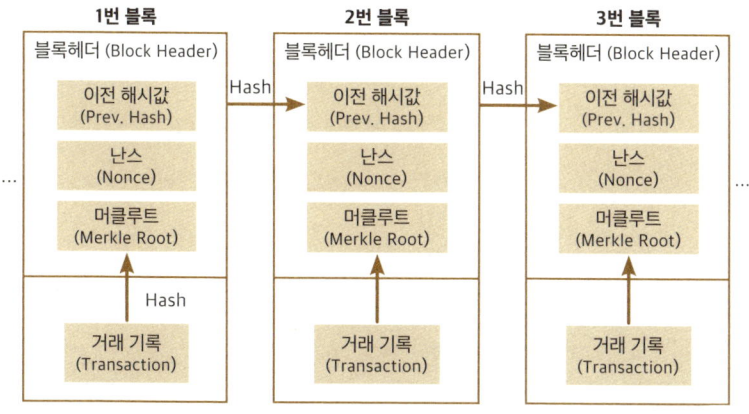

★ **이전 해시** 이전 블록 헤더의 해시값, 현재 블록이 이전 블록과 연결되도록 만드는 중요한 요소.

★ **난스** 채굴 과정에서 특정 조건을 만족하는 블록 해시값을 찾기 위해 반복적으로 변경되는 임의의 숫자.

★ **머클 루트** 해당 블록에 기록된 모든 거래 내역(Tx0~Tx3 등)을 묶어서 만든 일종의 '디지털 지문' 또는 '디지털 도장' 역할을 하는 해시값. 거래 위변조 여부를 검증.

해당 블록의 해시값도 자동으로 바뀌게 됩니다. 그러면 3번 블록 안의 해시값이 바뀐 2번 블록의 해시값과 달라집니다. 해시값이 어긋나면 연결도 어긋나게 되겠지요. 블록체인은 '같은 해시값'을 연결하며 만들어지는 것이니까요.

결국 2번 블록이 바뀐 결과로 3번 블록은 무효가 됩니다. 그 다음 4번, 5번 블록까지 전부 해시값이 달라지게 되면서 무효가 되지요. 이런 식으로 중간에 누가 내용을 바꾸면 그 이후의 블록들은 전부 무효가 됩니다. 그래서 해당 블록체인은 2번 블록 이후부터는 더 이상 '정상적인 기록'으로 인정받지 못하게 됩니다.

만약 누군가 블록체인에 기록된 거래를 마음대로 바꾸고 싶다면, 이미 기록된 블록을 수정하는 것만으로는 충분하지 않습니다. 왜냐하면 블록은 이전 블록과 암호로 연결되어 있어서, 한 블록을 바꾸면 그 이후 모든 블록의 암호도 새로 계산해야 하기 때문입니다.

즉, 2번 블록 이후의 모든 블록을 다시 계산하고 '채굴'해야 합니다. 여기서 채굴이란, 컴퓨터가 복잡한 수학 문제를 풀어 새로운 블록을 블록체인에 추가하는 과정을 말해요. 이런 계산은 단순히 몇 번 클릭하는 것이 아니라, 전 세계 여러 참가자가 나눠 가진 방대한 거래 기록을 모두 다시 연산해야 하는 엄청난 작업이지요. 때문에 블록체인의 거래 기록을 누군가 임의로 바꾸는 것은 사실상 거의 불가능합니다. 거래가 안전하게 유지되는 이유가 바로 여기 있는 거예요!

만약 누군가 내용을 바꾸려고 하면, 전체 참가자들이 공유하는 장부와 내용이 달라지기 때문에 곧바로 이상을 감지할 수 있지요. 이렇게 거래 내역을 한번 기록하면 누구나 마음대로 바꾸지 못하도록 만드는 걸 '거래 기록 봉인'이라고 합니다.

블록체인은 이런 식으로 모든 참가자들이 같은 거래 기록을 나누어 갖고, 각 기록을 데이터로 만들어 블록에 넣은 뒤, 서로 연결해 위조나 변조를 막는 기술이에요. 이 기록들이 '블록'이라는 단위로 저장되고, 이전 블록과 다음 블록이 해시값을 통해 사슬처럼 연결되기 때문에 '블록체인(Blockchain)'이라고 부르는 것이지요.

핵심 기술 3.
합의 알고리즘 : 비트코인을 보상으로 주는 작업 증명, 일명 비트코인 채굴

체육대회 회비를 함께 관리했던 이야기로 돌아가 봅시다. 우리가 함께 쓰던 공유 문서 페이지 하나가 회비 사용 기록으로 꽉 차면 다음 페이지를 새로 만들어야 합니다. 일반적으로 공유 문서는 내용을 입력하는 즉시 저장되지요. 그런데 여기서는 새로운 페이지를 일단 '확인 대기' 상태로 둡니다. 누군가 거짓 기록을 끼워 넣을 수도 있기 때문이지요. 반 친구들이 기록을 꼼꼼히 검토해 틀림없는 사실이라고 모두가 인정해야만 비로소 장부에 정식으로 올라갈 수 있습니다.

블록체인 네트워크에서도 이와 똑같이 까다로운 '검증' 과정을 거칩니다. 모두가 감시하고 확인하는 절차가 있어야만 은행 같은 중앙 관리자 없이도 장부의 내용을 100% 믿을 수 있으니까요.

그럼 여기서 질문 하나를 드리겠습니다. 과연 누가 블록 안 거래 내용을 확인할까요?

정답은 바로 블록체인 네트워크에 참여한 익명의 사람들 중 '아무나'입니다. 블록체인 네트워크에서는 서로가 누구인지 모르는 수천 명이 기록을 나눠 갖는데요. 그렇다 보니 누군가 특정한 사람이 검증하기보다 서로를 모르는 수천 명의 눈이 각자 기록을 대조하며 스스로 진실을 증명하게 합니다. 은행처럼 중앙 기관 하나가 거래를 검증하고 기록하는 게 아니라, 여러 명의 참여자들이 함께 거래를 확인하고 기록하는 구조인 거예요. 이름 모를 수천 명의 감시가 나쁜 마음을 먹을 수도 있는 관리자 한 명보다 더 믿을 만하다는 논리이지요.

이때 본격적으로 거래를 검증하고 블록을 만들기 위해 경쟁하는 사람을 '채굴자'라고 부릅니다. 물론 요즘은 이 작업이 매우 복잡하고 연산해야 하는 양이 많다 보니, 개인 채굴자가 아닌 전문 채굴 업체들이 대규모 채굴 시설을 운영하며 경쟁하고 있지만요.

처음 비트코인을 만든 사토시 나카모토는 누구나 자신의 컴퓨터로 직접 거래를 검증할 수 있는 시스템을 구상했었어요. 바로 '작업 증명(PoW)'을 이용해서요. 그렇다면 구체적으로 작업 증명은 어떻게 이뤄지는 것일까요? 일단 블록을 만들기 위해 특정한 수학 문제를 풀게 됩니다. 예를 들면 이런 식이지요.

"해시함수에 넣어야 하는 입력값을 찾으시오(단, 해당 해시는 3개의 0으로 시작해야 함)."

이 문제를 풀기 위해서는 직접 모든 단어를 넣어 볼 수밖에 없습니다. 여러분도 아시다시피 해시는 출력값만 가지고는 입력값을 알 수 없기 때문이지요. 운이 매우 좋으면 빨리 찾을 수도 있지만, 보통은 굉장히 오랜 시간이 걸립니다. 그래서 이 문제는 사람이 풀지 않고 컴퓨터가 풉니다.

이렇게 블록체인에서 새로운 블록을 만들 수 있는 사람을 정하는

작업증명의 기본 작동 원리

1. 전 세계에서 모이는
거래 데이터

2. 채굴 경쟁 시작
누가 먼저 정답 찾을까?

3. 정답 발견
및 전파

4. 네트워크 검증,
모두가 검증한다

5. 블록 연결+보상지급

6. 다음 블록
경쟁 시작

과정이 바로 '작업증명(Proof of Work)'입니다. 작업 증명에서는 컴퓨터가 복잡한 계산 문제를 풀어, 누가 블록을 만들 자격을 얻을지를 결정합니다.

하지만 단순히 누군가 블록을 만들 자격을 얻는 것만으로는 충분하지 않습니다. 블록에는 여러 사람의 거래 기록이 들어 있기 때문에 이 거래들이 실제로 일어난 것인지, 위조된 것은 아닌지 모든 참여자가 확인하고 동의해야 하지요. 이런 확인과 동의 과정을 '합의(Consensus)'라고 부릅니다.

즉, **작업 증명=블록을 만들 사람을 정하는 계산 과정+그 블록에**

담긴 거래가 진짜라는 참여자들의 합의로 이해하면 됩니다. 합의가 완료되어야 비로소 선택된 참가자가 블록을 블록체인에 추가할 수 있는 것이지요. 작업 증명은 여러 대의 컴퓨터(참여자)가 블록체인 네트워크 안에서 하나의 동일한 정보(장부)를 공유하고 그 정보(장부)가 맞다고 모두가 동의하는 과정(합의 알고리즘)인 셈이에요.

블록체인은 참여자 모두가 거래 기록을 보관하는 시스템입니다. 새로운 블록을 추가할 때는, 참가자들이 복잡한 문제를 가장 먼저 푼 사람, 즉 '채굴자'가 블록을 만들고 거래를 검증할 수 있는 권한을 얻습니다. 이렇게 선택된 채굴자가 블록을 올바르게 검증하고 연결하면, 보상으로 새로 생성된 비트코인을 받습니다.

채굴 과정은 단순히 블록을 만들기 위한 경쟁이면서, 동시에 정직하게 거래를 검증하도록 유도하는 보상 시스템이기도 한 거예요. 이와 함께 거래 검증과 블록 생성 과정에서 새로 발행되는 비트코인은 비트코인 공급을 관리하는 수단이 되기도 하고요.

정리하면 블록체인의 특징은 다음과 같습니다.

1) 블록체인은 **'더하기'**만 가능!
2) 장부에 쓴 내용은 수정되거나 지워지지 않음.**(편집, 삭제 NO!)**
3) 장부 기록은 모든 참여자가 사본을 가지고 있어 언제든 확인할 수 있음. 돈 자체는 각자의 암호 화폐 지갑에 저장되고, 지갑 주소만 공개되기 때문에 정확히 누구의 거래인지 알 수 없음.
4) 거래가 발생하면 여러 노드가 거래가 유효한지 검증하고, 채굴

자들은 이를 모아 블록을 만든 뒤 작업 증명 문제를 풀이함. **가장 먼저 문제를 푼 한 명의 채굴자가 블록을 블록체인에 추가할 권한을 얻음.**(이 과정을 채굴(mining)이라고 함)

5) **전체 블록체인 네트워크 참여자 과반수**가 4)의 블록이 자기 장부와 동일한 정보라는 것을 확인하고 새로 만든 블록을 블록체인에 올리는 것에 동의.

6) 4)의 블록을 새로 올리면 블록체인에서 비트코인이 새로 생성되는데, **블록을 올린 한 명의 채굴자는 보상으로 새로 생성된 비트코인을 받음.**

그렇게 해서 블록체인을 이용하면 모든 사람들이 이 장부에 적힌 거래 기록을 믿을 수 있게 됩니다. 동시에 어떤 개인이나 기관도 이 장부를 마음대로 조작할 수 없고, 통제할 수 없고요. 전 세계에 있는 네트워크 참여자 과반수의 컴퓨터를 '동시'에 해킹한다는 것은 거의 불가능에 가깝기 때문에 해킹에서도 비교적 안전합니다.

암호 화폐 지갑은 무엇일까요?

보통 지갑에는 돈이나 신용카드가 들어 있습니다. 그런데 암호 화폐 지갑에는 돈, 즉 암호 화폐가 들어 있지 않습니다. '암호 화폐'는 참여자 모두가 공유하는 블록체인 네트워크에 존재하거든요. 우리는 블록체인 네트워크에 '그 암호 화폐가 내 것'이라고 기록할 뿐이지요. '암호 화폐가 내 것'이라는 기록을 인증하기 위한 키(key)를 관리하는 도구가 바로 암호 화폐 지갑입니다. 이것을 개인 키라고 합니다.

만약 이 개인 키를 잃어버리면 어떤 일이 벌어질까요? 암호 화폐 자체가 사라지지는 않지만, 암호 화폐에 대한 '소유권'을 증명할 수 없게 됩니다. 그래서 암호 화폐 자산 관리에서 가장 중요한 일 중 하나가 바로 개인 키를 철저하게 관리하는 것이지요.

까다로운 채굴 조건, 비트코인 보상으로 믿음을 얻다!

작업 증명을 하는 채굴자들이 푸는 문제는 너무 어려워서 어지간한 컴퓨터는 풀 수 없습니다. 그래서 이 문제를 풀기 위해서는 많은 컴퓨터를 확보해야 합니다. 당연히 전기 사용량도 엄청나지요. 하지만 이렇게 비용을 쓰는 만큼 채굴자들도 비트코인을 보상으로 얻기 위해 성실히 검증하게 됩니다. 채굴자들이 성실하게 검증할수록 더 안전하고 믿을 만한 네트워크가 되는 식이지요.

또한 비트코인 프로그램은 자동으로 문제 난이도를 조절해서 블록을 위조하지 못하게 만듭니다. 문제를 푸는 컴퓨터의 계산 능력이 좋으면 문제가 더 어려워지지요. 어떤 컴퓨터를 쓰든지 한 문제를 푸는 데 무조건 10분 내외가 걸리도록 만듭니다. 슈퍼컴퓨터를 수천 수백 대 돌려도 블록을 올리는 데는 10분이 걸릴 수밖에 없습니다. 이렇게 해서 블록은 약 10분마다 한 개씩 만들어지게 되는데, 일부러 이렇게 시간을 끌게 만들어서 사람들이 빠르게 블록 내용을 위조하거나 변조하지 못하게 하는 겁니다. 아무리 성능이 좋은 슈퍼슈퍼컴퓨터가 있다고 해도 사람들이 눈치 채지 못하는 사이에 블록을 위조해서 새로 올리지 못하게끔 일부러 시간을 끄는 거예요.

채굴이 어렵고 비트코인이라는 보상 시스템이 잘 설계된 덕분에, 블록체인은 신뢰할 수 있는 구조를 갖추게 되었습니다. 그래서 비트코인이 암호 화폐로 자리 잡을 수 있었지요.

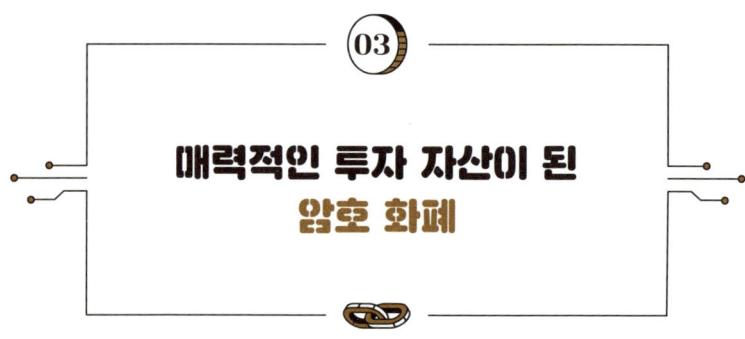

매력적인 투자 자산이 된 암호 화폐

블록체인 기술 덕분에 비트코인은 현실에서 성공적으로 거래되고 있습니다. 비트코인은 인터넷과 스마트폰이 있는 곳에서라면 누구든지 이용할 수 있습니다. 스마트폰, 인터넷 접속으로 지갑을 개설하기만 하면 되니까요. 애초에 '중앙'에서 정부나 특정한 금융 기관이 관리하는 게 아니거든요.

하지만 화폐로 쓰이기를 바랐던 사토시 나카모토의 기대와 달리 비트코인은 지금 좀 다른 형태로 쓰이고 있습니다. 많은 사람들이 비트코인을 재테크 수단으로 삼을 뿐, 실제 돈처럼 주고받지는 않거든요. 교환 수단으로 쓰기보다는 금처럼 가치를 저장하는 역할로 보유하고 있는 것입니다.

실제로 2013년 디지털 암호 화폐 거래소 코인베이스는 한 달 동안 100만 달러 상당의 비트코인을 판매했습니다. 하지만 이 비트코인들을 시장에서 보기는 어렵습니다. 그로부터 십여 년이 훌쩍 넘은 지금도 사람들은 비트코인을 돈처럼 쓰려고 사는 게 아니라 저렴할 때 사서 비쌀 때 팔기 위한 '투자 자산'으로 구매합니다. 갖고 있던 돈으로 비트코인을 사는 식으로 투자하는 거지요. 2024년 1월에는 비트코인 가격에 **베팅**★하는 비트코인 금융 파생 상품까지 나왔을 정도지요. 금융 기관이 비트코인을 마치 '디지털 금'처럼 투자 자산으로 받아들인 셈입니다.

★ 베팅
높은 수익을 기대하며 결과가 불확실한 위험한 일에 돈을 거는 행위.

비트코인이 이렇게 화폐가 아닌 디지털 금이 된 이유는 한 가지 특징 때문입니다. 금본위제가 폐지된 이후 중앙은행은 법정 화폐를 '필요'에 따라 제한 없이 찍어 낼 수 있습니다. 그에 반해 비트코인은 2,100만 개까지만 만들 수 있습니다. 그래서 비트코인이 금이나 다이아몬드, 미술품처럼 희소성을 지닌 투자 대상이 된 것입니다.

실제로 여러분은 비트코인으로 물건을 산 적이 있나요? 물론 엘살바도르처럼 비트코인을 법정 화폐로 인정한 나라도 있습니다. 법정 화폐로 인정하지는 않았지만 혼용하는 유럽, 나이지리아, 필리핀 등 일부 국가들에서는 비트코인으로 결제가 가능한 곳이 있지요. 그런 나라에서는 '비트코인으로 결제 가능'이라고 크게 써붙인 가게들이 종종 눈에 띕니다. 하지만 우리나라에서는 비트코인으로 결제할 수 있는 곳이 거의 없습니다. 대부분 비트코인을 투자 목적으로 거래합니다.

비트코인은 이론적으로 충분히 평범한 화폐로서 기능합니다. 그런데도 왜 많은 사람들이 비트코인을 화폐로 쓰지 않는 걸까요? 바로 비트코인 가격이 널뛰기 때문입니다. 대부분 국가에서는 아직까지 비트코인을 정식 법정 화폐로 인정하지 않습니다. 한마디로 국가가 비트코인을 '통화'라고 생각하지 않다 보니, 원화나 달러처럼 법적으로 가치를 보장받지 못하지요.

이렇게 한 나라 정부의 지지가 없기 때문에, 비트코인은 이론적으로는 안전해도, 현실에서는 안정적인 가치를 유지하기 어렵습니다. 게다가 거래를 할 수 있는 시간이 정해져 있는 주식 시장과 달리 암호 화폐 거래 시장은 365일 24시간 열려 있습니다. 주식처럼 가격이 하루에 오르거나 내릴 수 있는 최대치가 정해져 있는 것도 아니고요. 그래서 비트코인은 갑자기 가격이 엄청 오를 수도 있고, 반대로 크게 떨어질 수도 있어요. 가격이 어디까지 갈지는 아무도 모르지요. 오전에는 분명히 1비트코인이면 피자 한 판을 살 수 있었는데, 오후에 비트코인 가격이 갑자기 떨어져서 10비트코인이 있어야 피자 한 판을 사는 일이 실제로 생길 수 있습니다. 현재까지는 그저 '투자' 대상일 수밖에 없는 거예요.

그러나 이런 상황에도 불구하고 비트코인은 분명 의미가 있습니다. 비트코인 덕분에 우리는 실제로 은행 없이 돈을 만들고 거래할 수 있다는 가능성을 확인하게 되었습니다. 무엇보다 비트코인 덕분에 '블록체인'이라는 혁신적인 기술이 주목을 받았지요. 실제로 비트코인의 단점을 보완하기 위해 블록체인 기술을 활용한 다양한 암호 화폐가 등장했거든요. 앞으로도 새로운 암호 화폐들이 지금처럼 계속 개발될 거예요. 그리고 이를 가능하게 한 블록체인 기술 역시 앞으로의 금융 변화를 이끄는 핵심이 될 것입니다.

블록체인은 단순히 인터넷 뱅킹처럼 기존 금융 시스템의 편의성을 높이는 차원의 기술이 아닙니다. 금융 거래가 어떻게 기록되고, 관리되는지에 대한 원칙을 새롭게 정의하고 전체 금융 시스템의 운영 구조를 근본적으로 바꾸는 변화이지요. 그래서 블록체인 기술은 미래 금융의 새로운 패러다임이 될 열쇠이자 미래 경제를 뒷받침하는 핵심이 될 가능성이 큽니다. 우리가 블록체인의 가능성에 대해 주목해야 하는 이유입니다.

비트코인 반감기

비트코인은 약 4년마다 공급량이 절반으로 줄어듭니다. 이것을 '비트코인 반감기'라고 합니다. 채굴자들은 거래 내역을 3352개 확인하면 약 0.3비트코인 정도의 수수료를 받았지요. 그리고 반감기는 채굴자가 210,000번 과제를 해결할 때마다 생깁니다. 약 4년에 1번 일어나고 있지요. 지금까지 2012년에 50에서 25로, 2016년에는 25에서 12.5로 2020년에는 12.5에서 6.25로 새로 생성되는 비트코인의 양이 줄었고요. 2024년 4월 셋째 주에는 3.125으로 줄어들었지요.

왜 이런 일이 벌어질까요? 애초에 비트코인 프로그램이 단 2,100만 개의 코인만 발행하도록 설정됐기 때문입니다. 지금까지 1,900만개 이상의 비트코인이 채굴됐지요. 이는 전체 공급량의 약 93%입니다. 그러니 2,100만 개에 도달할 때까지 새로운 비트코인 발행을 계속 줄일 수밖에 없는 거예요. 비트코인 반감기는 채굴자에게 좋은 소식이 아닙니다. 비용을 들여 채굴을 하는데 4년마다 수익이 절반으로 줄어드니까요.

채굴에는 비용이 꽤 많이 듭니다. 문제 난이도가 워낙 높아져 요즘은 전문 채굴업체들이 엄청난 전기를 사용하는 특수 컴퓨터를 가동해 밤낮으로 문제를 풀지요. 결국 채굴했을 때 받는 보상은 반으로 줄고 있는데, 비용은 점점 많아지는 상황이에요. 하지만 반감기에는 좋은 점도 있습니다. 반감기가 계속되면 많은 채굴자가 더 이상 수익성이 없다고 판단해 채굴을 그만둘 수 있습니다. 그러면 채굴을 위한 문제의 난이도가 낮아져 비싼 컴퓨터를 쓰지 않는 채굴자도 채굴할 수 있게 되는 것이지요.

비트코인 피자데이

2010년 5월 18일, 미국 플로리다 주에 사는 라즐로 하네츠라는 프로그래머가 "Pizza for bitcoins?"라는 제목의 글을 커뮤니티에 개시했습니다. 하네츠는 피자 두 판에 10,000BTC(비트코인)을 지불하겠다고 썼어요.

며칠 후인 5월 22일, 하네츠와 같은 커뮤니티를 이용하는 한 고등학생이 하네츠를 위해 피자를 주문했습니다. 하네츠는 대신 그에게

비트코인으로 두 개의 피자 구매가 이뤄진 피자 매장의 명판
© Sanjev Rajaram, CC0, https://commons.wikimedia.org/w/index.php?curid=14767201

10,000BTC(비트코인)을 지급했지요. 어찌 보면 '피자를 대신 주문해주고, 비트코인을 받는다'는 단순하고 평범한 거래였지요. 하지만 이 거래는 비트코인을 내고 실제 물품을 구매한 최초의 사례가 되었습니다. 당시 10,000BTC(비트코인)은 약 41달러의 가치가 있어 피자 두 판을 사는 값으로 적당했습니다. 그러나 비트코인의 가치는 피자 거래 이후로 엄청나게 오릅니다. 하네츠에겐 매우 안타까운 일이지만, 2025년 7월 11일 기준 약 1000만 달러까지 치솟았지요. 어쨌든 이날을 암호 화폐 커뮤니티는 디지털 통화의 새 역사를 쓴 날로 여기고 매년 5월 22일되면 '비트코인 피자 데이'라고 부르며 기념합니다.

PART 03

블록체인 기술,
디지털 금융을
바꾸다

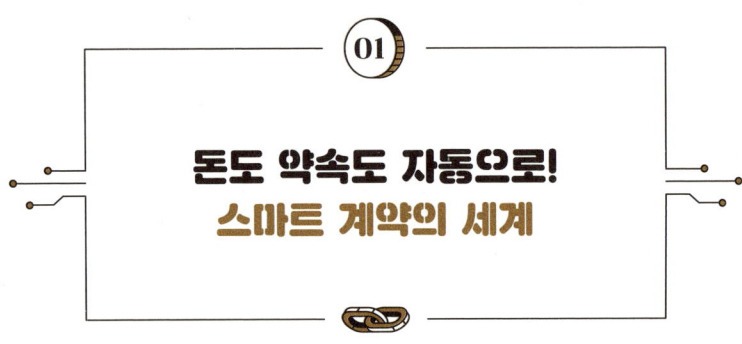

돈도 약속도 자동으로!
스마트 계약의 세계

　우리는 살아가면서 크고 작은 '계약'을 수없이 맺습니다. 집을 빌릴 때 쓰는 전·월세 계약서, 휴대폰 요금제를 신청할 때 동의하는 이용 약관, 주식을 사고파는 매매 계약뿐만 아니라, 통장을 만들 때나 카드를 신청할 때 작성하는 서류도 모두 계약의 한 형태입니다. 심지어 온라인 쇼핑에서 '구매 버튼'을 누르는 순간도 일종의 계약입니다.

　우리가 태어나 돈을 쓰며 살아가는 이상, 다양한 계약들을 피할 도리는 없지요. 하지만 가끔은 계약서를 쓸 때, 혹여 위조나 중개인의 나쁜 개입이 있지는 않을지 우려되기도 합니다. 또, 집을 사고파는 것과 같은 중요한 계약의 경우, 중개인에게 많은 수수료를 내야 하지요.

그런데 이런 계약에 블록체인 기술을 적용해 본다면 어떨까요?

스마트 컨트랙트 혹은 스마트 계약은 이렇게 종이에 쓰는 서면 계약서를 컴퓨터 코드로 바꾼 것입니다. 그리고 정해진 조건이 만족되면, 사람이 따로 실행시키지 않아도 계약 내용이 자동으로 실행되지요. 암호학자이자 프로그래머인 닉 재보가 1994년 〈Smart Contract〉라는 기고문에서 자판기에 비유해 설명한 개념입니다.

만약 여러분이 콜라를 먹기 위해 자판기에 콜라 버튼을 누르고 콜라값인 1200원을 넣으면 자동으로 콜라가 나옵니다. 이때 자판기와 여러분 사이에는 '1200원을 넣으면(조건), 콜라를 내준다(이행)'라는 계약이 존재합니다. 이렇게 자판기가 계약을 실행하는 과정에서 제 3자는 필요 없습니다. 자판기에 계약이 미리 프로그램되어 있어서 자판기 속 하드웨어가 1200원이 들어왔다고 인식하면 자동으로 콜라를 내보내는 계약을 이행하기 때문이지요.

닉 재보는 이런 자판기 방식을 디지털 사회에서 일어나는 다양한 계약에도 적용할 수 있다고 보았어요. 그는 스마트 계약을 "약속 내용을 컴퓨터 코드로 만들고, 그 약속이 사람의 손을 거치지 않아도 자동으로 실행되도록 만든 시스템(a computerized transaction protocol that executes the terms of a contract)"이라고 설명했지요.

무슨 말인지 딱 와닿지 않는다고요? 그럼 지금 우리도 스마트 계약을 하나 만들어 볼까요?

우리가 앞서 세뱃돈을 은행에 맡겨 두고 이자를 받는다는 이야기

전통적 계약과 스마트 계약 차이

전통적 계약
1. 계약서 작성
2. 서명
3. 계약 이행
4. 분쟁 시 법적 조치

스마트 계약
1. 코드 작성
2. 블록체인에 배포
3. 트리거 발생 (조건 충족)
4. 자동 실행
5. 결과값 저장

전통적인 계약은 사람이 직접 확인하고 이행하지만, 스마트 계약은 조건이 충족되면 코드에 따라 자동으로 실행된다.

를 한 적이 있었지요. 이 세뱃돈을 스마트 계약으로 보관해 봅시다 (물론 이자를 얻기 위해서라면 은행에서 정기 예금을 가입하는 게 더 좋습니다). 이자를 받지는 못하지만, 은행이나 정부는 물론 부모님도 여러분이 이만한 돈을 갖고 있다는 것을 알 수 없지요.

스마트 계약을 만드는 것 자체는 단순합니다.

1) '1년 뒤에 세뱃돈을 자동으로 입금한다'는 내용을 담은 스마트 계약을

코드로 작성하고, 이 계약을 이더리움(Ethereum)과 같은 블록체인 플랫폼에 등록한다.

2) 등록한 스마트 계약 주소(디지털 지갑 주소)에 세뱃돈을 입금해 보관한다.

3) 1년이 지나면, 계약에 적힌 조건(1년 경과)이 충족되었는지 컴퓨터(블록체인 네트워크에서 실행되는 스마트 계약 코드)가 자동으로 확인한다.

4) 조건이 충족되면, 보관해 두었던 세뱃돈이 자동으로 지정된 통장(지갑 주소)으로 입금된다.

이걸로 여러분은 은행 없이 여러분의 돈을 안전하게 맡겼다가 다시 찾을 수 있게 됩니다. 스마트 계약의 개념 자체는 이렇게 간단합니다. 그런데 닉 재보는 당시 스마트 계약을 구현하지 못했습니다. 1994년에는 이런 계약을 코드로 짜서 안전하게 둘 수 있는 이더리움과 같은 블록체인 플랫폼이 없었기 때문이지요.

스마트 계약은 컴퓨터 코드로 계약 내용을 작성하고, 조건을 만족하면 컴퓨터가 이를 자동으로 실행해 줘야 합니다. 그런데 컴퓨터 시스템에 있는 데이터는 쉽게 위조되거나 변조될 수 있습니다. 누군가 해킹해서 여러분이 만들어 둔 계약을 확인할 수 있는 암호를 알아낼 수도 있고요. 아예 여러분 돈을 가로채고 정기예금을 스마트 계약으로 만들어 놓았다는 사실 자체를 없애 버릴 수도 있습니다. 이 문제를 해결할 수 있는 안전한 네트워크가 없다면, 스마트 계약은 위험한데다 무용지물일 뿐이었어요. 이런 이유로 당시에는 스마트 계약이 이론적으로만 가능하다고 보았지요.

이더리움,
블록체인을 만나 스마트 계약을 실현시키다

2013년 비탈릭 부테린이라는 열아홉살의 비트코인 개발자가 비트코인을 만드는 데 사용되는 블록체인 기술이 더 넓은 용도로도 사용될 수 있다는 것을 알아차렸습니다. 특히 스마트 계약을 만드는 데 가장 큰 걸림돌이었던 '위변조 문제'를 블록체인으로 해결할 수 있다고 봤지요. 앞서 살펴보았듯이 블록체인은 작업 증명 때문에 위조나 변조를 하기 어려우니까요.

다만, 비트코인을 위한 블록체인 네트워크는 단순히 '비트코인'이

더 알아보기

플랫폼이란?

온라인에서 사람들이 모여 무엇인가를 할 수 있도록 도와주는 '장소'나 '공간'. 즉, 사람들이 각자 물건을 사고팔거나(당근마켓, 지마켓, 네이버플러스 등), 소비자와 음식점을 연결해서 편리하게 배달 음식을 받을 수 있게 만들거나(배달의 민족, 요기요 등), 게임을 할 수 있게(로블록스 등) 온라인 공간을 제공하고 그 대가로 돈(수수료)을 받는 곳을 말한다.

라는 암호 화폐를 유통하는 것을 돕는 역할을 할 뿐이었습니다. 그래서 부테린은 새로운 암호 화폐를 만들었습니다. 거기에 스마트 계약 기능을 넣었지요. 이것이 바로 비트코인 다음으로 유명세를 떨치게 된 암호 화폐 '이더(ETH)'와, 블록체인 기술을 기반으로 스마트 계약과 분산형 애플리케이션인 디앱(DApp)을 만들고 실행할 수 있는 분산 컴퓨팅 플랫폼인 '이더리움'의 시작이지요.

비트코인은 블록에 오직 '누가 누구에게 코인을 보냈는지' 같은 돈 거래 정보 정도가 담깁니다. 그런데 이더리움은 이에 더해, '어떤 조건이 되면 어떤 일이 일어난다' 같은 계약 내용도 블록 안에 함께 담을 수 있어요. 덕분에 정해진 시간이 되었는지, 정해진 상황이 되었는지를 컴퓨터가 알아서 확인하고, 조건이 맞으면 계약 내용을 자동으로 실행하는 스마트 계약이 가능해진 것이지요. 이 모든 과정이 블록체인 위에서 이루어지기 때문에, 누구나 내용을 확인할 수 있고, 누가 마음대로 바꾸거나 속이기도 어렵습니다.

그래서 스마트 계약 기술은 특히 탈중앙화 금융, 즉 '디파이(DeFi)' 분야에서 많이 사용되고 있습니다. 디파이는 은행과 같은 전통적인 금융 기관 없이도 돈을 예치하거나 빌리고, 이자를 받을 수 있는 서비스입니다. 예를 들어, A라는 사람이 자신의 디지털 자산을 디파이 서비스에 맡기면, B가 그 자산을 빌리면서 이자를 지급합니다. 이 과정에서 발생한 이자는 자동으로 A에게 돌아갑니다.

A와 B 둘 사이에는 은행 같은 중앙 금융 기관이 없지요. 일반 은행을 이용했다면 어땠을까요? B가 돈을 빌리는 과정에서 이자를 지

급하면, 은행은 일정 비율의 수수료나 관리 비용을 떼고, 나머지 일부만 A에게 이자로 지급합니다. 반면 디파이에서는 중개자가 없기 때문에 B가 부담한 이자가 거의 그대로 A에게 지급됩니다.

이 모든 과정은 스마트 계약이라는 프로그램을 통해 자동으로 실행됩니다. 스마트 계약 덕분에, 누구도 거래를 마음대로 바꿀 수 없고, 이자가 지급되는 과정도 투명하고 공정하게 처리되지요.

물론 일부 디파이 플랫폼은 운영을 위한 소액의 수수료를 떼지만, 지금까지 방식처럼 중앙에서 은행을 이용하는 것에 비하면 훨씬 적어요. 이처럼 블록체인 기술은 디앱 등을 통해 중앙화된 금융 시스템이나 기존 인터넷 환경과는 다른 새로운 디지털 경제 생태계를 만들어 가고 있는 거예요.

이더리움이 제공하는 스마트 계약

1) 계약 당사자 사이에 계약을 작성.

2) 거래 내용을 코드로 프로그래밍해서 블록체인에 올림.

3) 계약 조건을 만족했을 때 자동으로 계약 이행.

디앱이란 무엇일까요?

우리가 보통 쓰는 유튜브나 인스타그램, 스마트폰 게임 같은 애플리케이션은 해당 앱을 만든 회사가 중앙 서버를 운영하고, 앱과 관련된 데이터 전부를 관리합니다. 한마디로, 여러분이 폰에서 앱을 열어 게임을 하거나 글을 올리면 그 내용은 회사가 운영하는 서버의 데이터베이스를 거쳐 저장되는 것이지요.

이렇게 블록체인 기술이 등장하기 전에는 데이터를 이동시키려면 반드시 회사의 중앙 서버를 거쳐야 했습니다. 하지만 중앙화된 시스템은 해킹당할 위험이 있습니다. 그래서 중앙화된 시스템에서 벗어나기 위해 블록체인 기술을 활용한 애플리케이션이 바로 디앱(DApp, Decentralized Application)입니다.

디앱은 정보를 한 곳에 저장하지 않고, 블록체인을 이용해 전 세계 컴퓨터에 나눠서 저장합니다. 한마디로 특정 회사가 중앙에서 앱을 관리하

	앱(APP)	디앱(DApp)
누가 운영하나요?	회사나 특정 관리자	특정 주인 없이 여러 사람이 함께 관리
데이터는 누가 처리하나요?	중앙 서버	여러 참여자가 나눠서 처리
장점	속도가 빠르고 사용이 편리	기록을 속이기 어려워서 투명한 처리가 가능

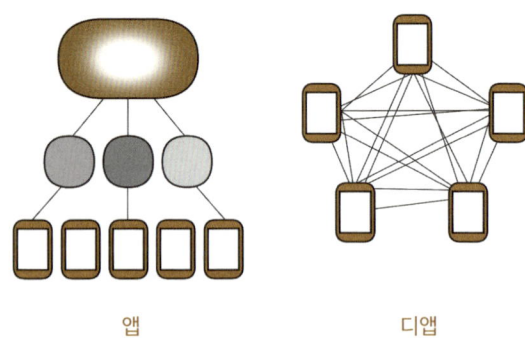

앱   디앱

지 않고, 여러 사람이 함께 운영하는 셈이지요. 이러한 디앱을 처음으로 본격적으로 지원한 블록체인이 바로 이더리움(Ethereum)입니다.

사람들이 디앱에 관심을 갖게 된 이유는 블록체인에 관심을 갖게 된 이유와 비슷합니다. 바로 디앱이 블록체인 네트워크에서 작동하기 때문에 어느 한 곳에서 장애가 발생해도 나머지 참여자들의 것을 이용할 수 있으니 안정적이기 때문이지요. 모든 거래와 기록이 블록체인에 기록되기 때문에 누구나 데이터를 확인할 수 있어서 투명성도 높고요.

또한 국가나 기업의 통제에서 자유롭습니다. 디앱을 이용하기 위해 여러분은 소중한 개인정보를 건네고 회원가입을 할 필요가 없거든요. 로그인을 위해 아이디나 비밀번호를 넣을 필요가 없지요. **암호 화폐 지갑**★으로 여러분을 증명하고 로그인하면 됩니다.

현재 디앱은 스마트 계약을 활용해서 블록체인 게임이나 디지털 지갑, 펀딩 등 여러 분야에서 사용됩니다. 게임에서 아이템이나 캐릭터를 사고팔 때 자동으로 거래를 처리하고요. 크라우드 펀딩 디앱에서는 목표 금액을 달성하면 돈이 펀딩 주최사에게 자동으로 전달되고, 실패하면 참가자에게 자동으로 환불됩니다. 이 모든 일이 일어나는 동안 '디앱'은 탈중앙화된 앱이기 때문에 중앙에서 누가 직접 관리하지 않아도 알아서 작동하지요.

★ 암호 화폐 지갑
아이디/비번 로그인: 회사를 믿고 정보를 맡김. 내 정보는 서버에 저장됨.
암호 화폐 지갑 로그인: 회사를 믿을 필요 없음. 내 지갑이 나를 증명해 줌. 정보는 분산되어 있고, 내가 직접 관리함.

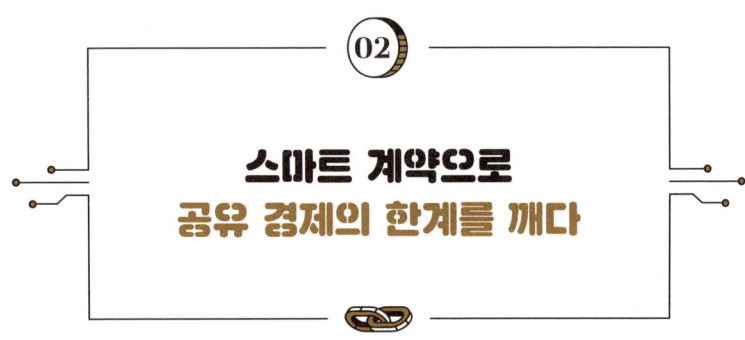

스마트 계약으로
공유 경제의 한계를 깨다

내가 갖고 있는 것을 다른 사람에게 공유해서 그것만으로 돈을 번다면 어떨 것 같나요? 그저 이미 갖고 있는 것을 빌려주는 것만으로 돈을 번다니. 꿈과 같은 일이라고 생각할지 모르지요. 그런데 이 꿈 같은 일을 실제로 실행한 사람들이 있습니다.

2007년 샌프란시스코에서 함께 방을 빌려 살던 조 게비아와 브라이언 체스키는 월세가 갑자기 오르자, 당장 돈을 벌 방법을 찾다가 기막힌 아이디어를 하나 떠올립니다. 집에 에어 매트리스를 사다 놓고 호텔을 미처 예약하지 못한 사람들에게 호텔보다 저렴한 가격에 '잘 곳'과 '아침 식사'를 제공하자는 것이었지요. 이 아이디어는 생각보다 많은 호응을 얻었습니다. 그리고 이처럼 살고 있는 집을 돈 받고 빌려주겠다는 생각은 곧 '에어비앤비(AirBnB)'라는 숙박 공유 플랫폼의 탄생으로 이어지게 됩니다. 에어비앤비는 자기가 살고 있는 집을 빌려주는 사람과 그 집을 빌리는 사람 사이를 연결하는 플랫폼으로 성장했지요.

이게 바로 '공유 경제'입니다. 어떤 물건을 소유하는 게 아니라 '사용'하는 것으로 소비 형태가 변화한 거예요. 그리고 현재 집을 공유하는 에어비앤비뿐 아니라 차를 공유하는 '우버(Uber)', 주차장을 공유하는 '모두의 주차장'과 같은 다양한 공유 경제 플랫폼들이 생기고 있습니다.

하지만 공유 경제 플랫폼에는 몇 가지 문제점이 있습니다.

에어비앤비와 우버 같은 대형 플랫폼은 사실상 '중앙'에서 플랫폼이 모든 거래들을 살핍니다. 은행이 우리 거래를 '중앙'에서 살피는 것처럼 에어비앤비는 집을 빌려주려는 사람과 집을 빌리고자 하는 사람들, 우버는 운전자와 승객 사이를 중개합니다. 그 대가로 수수료를 받지요. 즉, 이들 플랫폼은 마치 은행처럼 사용자 사이의 거래를 중개하고, 그 과정에서 막강한 통제력을 행사합니다. 겉으로 보기엔 사람들이 직접 거래하는 것처럼 보이지만, 실제로는 모든 과정이 플랫폼이 정한 방식에 따라 이루어집니다. 거래의 흐름이나 중요한 결정도 결국 플랫폼이 맡는 구조예요. 그렇다 보니 플랫폼이 시장을 독점하고, 거래 수수료를 일방적으로 인상하거나 불공정한 계약을 강요하는 경우가 있습니다.

이뿐만이 아닙니다. 우버 차량을 이용하다가 사고가 생기면, 운전자가 개인 보험에 가입했는지, 사고 상황이 어떻게 일어났는지에 따라 보험 적용 범위가 달라지고, 누가 책임을 져야 하는지도 명확하지 않을 때가 많습니다. 이 때문에 피해 승객이 충분한 법적 보호를 받지 못할 수도 있습니다.

마찬가지로 에어비앤비 숙소에서 화재나 범죄가 일어나면, 대부분의 책임은 숙소를 제공한 집주인에게 돌아갑니다. 이 때문에 실제 피해를 입은 숙박객이 제대로 보상을 받기 어려운 경우가 생깁니다. 대부분의 집주인들이 큰 보험에 가입하지 않았거나, 가입했더라도 보상 한도가 제한적이기 때문이지요. 또, 집주인이 해외 거주자거나 재정적인 여력이 없으면 법적 절차를 거쳐도 실질적으로 보상 받기 힘들어요.

공유 경제에서 우버 기사나 에어비앤비 집주인은 플랫폼에 소속된 노동자가 아니라, 자신의 일에 책임을 지는 '개인 계약자'이기 때문에 일어나는 문제입니다. 사고나 문제가 생겨도 플랫폼 회사가 직접 책임지지 않고, 운전자나 집주인이 책임을 져야 하는 경우가 대부분이에요. 이용자가 제대로 된 보상을 받기 어려울 수밖에 없는 구조이지요.

게다가 택시나 호텔업계와 유사한 업종이기 때문에 수입 문제로 갈등이 있습니다. 서울이나 멕시코시티 등 여러 도시에서 택시 기사들이 우버의 도입에 강하게 반발하며 시위를 벌였지요.

또, 거래에 참여하는 모두(승객이나 숙박객뿐 아니라 운전자나 집주인 포함)의 개인정보가 플랫폼 서버에 저장되어 있어서 만약 서버가 해킹당하거나 내부에서 악용되면, 개인정보가 외부로 유출되거나 사생활이 침해될 위험이 생깁니다.

이처럼 기존 공유 경제 플랫폼은 플랫폼 회사가 중앙에서 모든 거래와 운영을 관리하는데, 그 안에 참여자들은 개인 계약자이다 보니 여러 한계가 나타납니다. 따라서 사람과 사람이 직접 거래하면서도 신뢰와 안전을 보장받을 수 있는 블록체인과 스마트 계약을 이용한 새로운 형태의 공유 경제가 주목받고 있지요.

공유 경제의 새로운 미래, 블록체인과 스마트 계약

캐나다 몬트리올에서 에바(Eva)라는 블록체인 기반 차량 공유 서비스가 협동조합 형태로 운영되고 있습니다. 에바는 운전자와 승객이 스마트 계약을 통해 요청, 수락, 출발, 도착 같은 정보를 자동으로 기록하고, 조건이 만족되면 결제가 자동으로 처리됩니다. 이 시스템 덕분에 기존 공유 경제 플랫폼처럼 중개 회사가 많은 수수료를 가져가지 않게 되고, 거래 과정이 더 공정하고 투명해질 수 있지요.

숙박 공유 분야에서도 블록체인 기반 플랫폼이 등장했습니다. 이더리움에 만들어졌던 비토큰(BeeToken)이 스마트 계약을 활용해서 중개 수수료 없이 집주인과 손님이 직접 연결되는 서비스를 제시했었지요. 스마트 계약으로 예약, 결제, 입실·퇴실 정보 등을 자동 처리했고요. 환불 규칙이나 체크인 조건, 청소비 정산 등도 자동으로 처리해서 투숙자와 집주인 사이에서 있을 수 있는 여러 절차를 간소하게 만들었습니다. 호스트와 게스트가 미리 스마트 계약으로 보증금을 걸어 두고, 문제가 생기면 플랫폼의 승인 없이도 코드가 즉시 보상금을 지급해 줄 수 있게 한 거예요. 아쉽게도 현재는 운영하지 않고 있지만, 숙박 공유 분야의 스마트 계약 모델을 제시해 주었지요.

이처럼 블록체인과 스마트 계약은 원래 있던 중앙 집중형 플랫폼이 가진 문제를 해결하고, 더욱 신뢰할 수 있는 공유 경제 시스템을 만드는 핵심 기술로 주목받고 있습니다. 신뢰와 투명성을 블록체인이라는 기술로 해결할 수 있기 때문에, 사람들은 중앙의 플랫폼 없이도 서로 믿고 거래할 수 있는 환경을 만들 수 있거든요.

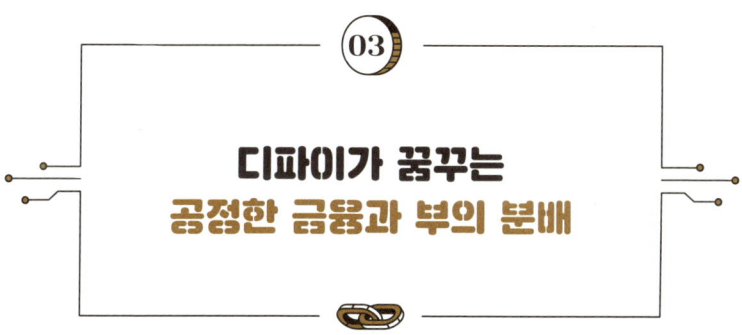

디파이가 꿈꾸는
공정한 금융과 부의 분배

지금까지 돈은 정부와 은행과 같은 금융 회사, 정부에서 세운 금융기관을 중심으로 사람들 삶 속에 흘러 들어갔습니다. 그런데 블록체인이 나오면서 사람들은 어디에 있든 서로를 믿으면서 일대일로 거래할 수 있게 됩니다. 블록체인에서 신뢰는 동등한 위치에 있는 사람들의 협력과 암호화, 코드로 만들어 나갑니다. 블록체인을 이용하면 우리는 스스로 돈의 흐름을 확인하고 통제할 수 있습니다. 그럼으로써 '탈중앙화 된 금융', 이른바 '디파이(DeFi, decentralized finance)' 시대를 본격적으로 열 수 있게 됩니다.

디파이는 은행이나 금융 기관 없이도 사람들이 서로 돈을 빌려주고 거래할 수 있게 하는 금융 서비스를 말합니다. 중개인 없이 스마트 계약으로 자산을 거래하는 것이지요. 스마트 계약이 디파이를 현실에서 가능하게 만들어 줍니다. 개인과 개인이 거래할 수 있으려면 중개인 역할을 대신할 컴퓨터 코드인 '스마트 계약'이 필요하기 때문이지요.

다시 말해, 디파이는 스마트 계약 덕분에 나를 알리지 않고, 상대방에 대해 알지 못해도 거래를 진행할 수 있습니다. 스마트 계약에 따라 '조건을 완수하면' 매수자와 매도자가 연결됩니다. 이렇게 블록체인과 스마트 계약 덕분에 우리는 인터넷 연결만으로 암호 화폐 송금이나 대출, 투자 등 다양한 금융 서비스를 이용할 수 있는 것이지요.

부의 불평등을 해소하기 위한 새로운 시도

우리는 은행이 없는 일상을 상상하기 힘들지만, 생각보다 은행이 없는 곳들이 많이 있습니다. 은행이나 금융 서비스가 크게 발달하지 못한 개발도상국이나 금융 서비스를 이용하기 힘든 저소득 계층 혹은 저신용자들은 은행을 이용하고 싶어도 못하지요. 디파이는 이들의 경제 활동에 도움이 될 수 있습니다.

기존의 금융 서비스를 이용하려면 은행 잔고 조회나 신용 평가가 필요합니다. 충분한 조건을 갖추지 못하면 아예 금융 서비스를 이용할 수 없지요. 경제적 요건이 충분한 사람들은 아무 문제가 없지만, 그렇지 못한 사람들은 송금 같은 금융 서비스를 못 쓰게 됩니다. 실상 이들에게 더 절박하게 필요한 서비스일 수도 있는데 말이지요. 디파이는 이러한 절차 없이 블록체인을 이용한 스마트 계약으로 금융 서비스를 이용할 수 있습니다. 물론 아직까지 디파이를 이용하려면 이용 제한이 있는 암호 화폐를 쓸 수밖에 없지만요.

또한 디파이는 은행이나 다른 중개자 없이도 대출이나 거래를 할 수 있어서 금융 거래를 하려면 내야 하는 높은 수수료를 피할 수 있습니다. 이것은 선진국에서 개발도상국으로 가는 자금 흐름에도 큰 영향을 미칩니다. GDP(국내총생산) 차이가 큰 나라 간에 주고받는 돈은 대부분 기업 투자나 해외 원조가 아니라 '송금'입니다. 사람들이 고향을 떠나 다른 나라에서 일하고, 고향의 가족에게 송금해 주는 일은 해마다 늘고 있습니다. 국제이주기구가 공개한 〈2024 세계 이주 보고서〉에 따르면 중저소득 국가가 자국 출신 이주민으로부터 송금받은 액수가 6479억 달러로 집계됐다고 합니다. 외국인이 중저소득 국가에 투자하는 돈보다 1000억 달러 이상 많지요.

이렇게 막대한 돈을 보내기 위해 사람들은 바가지나 다름없는 수수료를 내고 있습니다. 하지만 블록체인을 이용한 디파이라면 중개인 없이 직접 보내기 때문에 빠르게 송금이 가능하고 수수료를 매우 적게 내거나 내지 않아도 됩니다.

또한 디파이는 해킹과 같은 위험이 적습니다. 주요 금융 기관처럼 공격에 취약한 중심점(중앙)이 아예 존재하지 않기 때문이지요.

금융 기관을 위한 담합도 어렵습니다. 어떤 문제를 해결하기 위해 정부나 기업은 일반 사람들, 즉 가계에게 이익이 되지 않는 행동을 할 수도 있습니다. 서브프라임 모기지 사태 때를 떠올려 볼까요? 가장 피해를 입은 것은 빚을 감당하지 못하고 길거리에 나앉게 된 개인들인데도 불구하고, 정부는 파산 직전인 은행을 먼저 도왔습니다. 엄청난 비용을 은행에 쏟아붓느라 화폐 가치가 떨어지면서 경기가 나빠지는데도 말이지요. 정작 도움 받은 은행은 제대로 회생하기 위한 노력을 기울이지 않았고, 구제 금융을 받은 금융 기관의 임원들은 거액의 퇴직금과 보너스를 받아갔습니다.

하지만 블록체인을 이용할 경우 참가자들이 이런 식으로 행동하기 어렵습니다. 블록체인의 네트워크는 누구나 사용할 수 있고, 아무도 검열할 수 없으며, 누구나 거래를 검증할 수 있기 때문이지요. 디파이는 궁극적으로 전 세계 어디에서든 누구나 금융 서비스와 상품을 이용할 수 있도록 만들자는 목표를 지닌 것이지요.

디파이에도 한계는 있다?

부의 불평등을 해결하기 위한 놀라운 과학적 시도임에도 불구하고, 디파이 역시 아직 완전한 해결책은 아닙니다. 우선, 디파이를 이용하려면 암호 화폐 지갑 만들기, 가스비(거래 수수료) 이해하기, 스마트 계약 사용법 등 기술적인 사항을 이해해야 합니다. 이런 복잡한 절차 때문에 정보에 익숙한 일부 사람들만 디파이의 혜택을 누릴 수 있다는 한계가 있지요.

또한 디파이는 높은 수익을 기대할 수 있지만, 그만큼 큰 손실이 발생할 수도 있지요. 스마트 계약에 오류가 있는 경우, 자금을 되돌리기 어렵게 됩니다. 디파이 일부 서비스에서는 더 많은 자산을 예치한 사람이 더 많은 이자나 보상을 받는 구조로 설계된 경우가 있습니다. 예를 들어, A가 100만 원을 맡기고 B가 10만 원을 맡기면, 보상도 대체로 A가 훨씬 많습니다. 이런 구조에서는 부의 불평등을 해소하기보다는, 이미 자산이 많은 사람이 더 많은 이익을 얻어 오히려 부가 더 집중되는 현상이 나타날 수 있습니다.

따라서 이러한 문제들을 어떻게 해결해 나가느냐가 디파이가 더 많은 사람들에게 진정한 기회를 제공할 수 있을지를 결정하는 중요한 과제일 것입니다.

블록체인,
기존의 금융 회사들을
변화시키다

루브 골드버그 장치 그림
출처 위키미디어 커먼스 https://commons.wikimedia.org/wiki/File:Self-operating_napkin_(Rube_Goldberg_cartoon_with_caption).jpg?uselang=ko

이 그림은 루브 골드버그 장치입니다. 냅킨을 사용하는 아주 간단한 일을 하기에는 말도 안 되게 복잡한 기계입니다. 만화가 루브 골드버그가 고안한 장치인데요. 거대한 규모로 일을 벌였지만, 결과물은 보잘것없는 상황을 표현합니다.

그림을 보면 기존 금융 거래가 생각납니다. 과학 기술이 충분히 발달했는데도 실시간으로 결제되거나 환불되지 않는 경우가 있습니다. 물건을 샀다가 반품했을 때, 결제 수단이나 카드사에 따라 최대 2주 정도 걸려 환불받는 경우도 있습니다. 이는 우리가 물건을 사고 돈을 쓰는 과정에서 은행, 카드사 등 여러 금융 기관이 중간에 관여하며, 중앙의 제3자가 모든 거래를 확인하고 처리하기 때문에 생깁니다. 전산 시스템은 21세기 기술을 쓰지만, 중간자가 많은 구조 때문에 환불이 즉시 이루어지지 않는 셈이지요.

블록체인을 적재적소에 활용하는 금융 회사들

금융 회사들이 블록체인을 이용하면 결제 방식이 21세기에 맞게 바뀝니다. 블록체인은 거래 기록을 네트워크에 바로 올려 중간 단계를 줄여 줍니다. 그래서 송금, 결제, 환불 같은 과정이 기존 은행 시스템보다 더 빠르고 간편해지지요. 게다가 은행 계좌 없이도 모바일 기기로 다양한 금융 서비스를 이용할 수 있어서, 금융 서비스가 부족한 사람이나 소규모의 해외 사업자들도 쉽고 저렴하게 돈을 보내고 받을 수 있습니다.

게다가 앞서 살펴보았듯이 블록체인을 이용하면 해킹에서도 비교적 안전합니다. 많은 금융 회사들이 해킹과 고객들의 개인정보 유출을 막기 위해 보안 부문에 대해 막대한 투자를 하고 있지만, 중앙 집중화된 시스템이기 때문에 이를 막기란 쉽지 않았지요. 잊을 만하면 개인정보 유출에 대한 사과문이 각 금융 회사 홈페이지에 올라오니까요. 그런데 블록체인은 상대적으로 낮은 비용으로 이러한 해킹을 막을 수 있는 것이지요.

그래서 현재 많은 금융 회사들이 블록체인을 활용해 보안성과 투명성을 높이는 시스템을 도입하고 있습니다. 2016년 국민은행(KB)은 비대면 실명 확인을 위한 증빙 자료를 블록체인으로 저장하는 시스템을 만들었습니다.

신한은행도 같은 해 국내 최초의 블록체인 활용 서비스인 '신한골드 안심서비스'를 선보였지요. 그러면서 금을 거래할 때, 블록체인 기술로 구매 교환증과 보증서를 발급해서 위변조를 방지하고 안전하게 금을 거래할 수 있도록 했습니다. 이후 2021년, 신한은행은 블록체인 기술을 이용한 국제 송금 시스템을 글로벌 파트너와 함께 시험했습니다. 한국에서 보낸 돈을 디지털 화폐(스테이블코인)로 바꾸어 다른 나라로 보내고, 받는 사람은 이를 현지 돈으로 바로 바꾸어 받을 수 있는 시스템인데요. 이를 통해 기존 은행 송금보다 더 빠르고 안정적으로, 비용도 저렴하게 국제 송금을 할 수 있게 되었지요.

해외에서도 비슷한 시도를 하고 있어요. JP모건은 'JPM 코인'이라는 블록체인을 활용한 달러 기반 디지털 화폐로 은행끼리 거의 실시간으로 돈을 주고받는 시스템을 만들었습니다. 기존 은행 시스템에서는 송금이 몇 시간 또는 하루 이상 걸리기도 했지만, 이제는 거의 실시간으로 처리할 수 있습니다.

비자(Visa)와 마스터카드(Mastercard)도 블록체인을 활용해 누구나 안전하고 빠르게 결제할 수 있는 온라인 결제 시스템을 개발하고 있습니다.

기업뿐 아니라 국가에서도 이미 비슷한 일이 진행되는 중이에요. 스위스의 추크주는 2021년부터 개인과 기업 모두 비트코인이나 이더리움으로 세금을 납부할 수 있게 되었고요. 싱가포르 통화청은 JP모건 같은 대형 은행들과 함께 디파이를 적극 활용해서 현실의 자산을 코인과 같은 디지털 형태로 바꿔 안전하게 거래하는 실험을 하고 있습니다.

유럽에서도 블록체인 기술을 활용해 송금 수수료를 낮추고 결제 속도를 높이려는 혁신이 활발하게 일어나고 있지요. 특히 유럽중앙은행은 2026년까지 '디지털 유로화' 시대를 준비하며 새로운 결제 시스템인 '폰테스'를 시범 운영하고 있어요.

이 밖에도 2026년 3월에는 미국 가상자산 거래소 '크라켄'이 미 연방준비제도 계좌를 직접 사용할 수 있는 권한을 얻었습니다. 이로써 코인이나 스테이블 코인도 국가의 공식 금융망에서 진짜 돈처럼 바로 연결해 사용할 수 있는지 확인 가능하게 되었지요. 우리는 이러한 사례들을 통해 현재 블록체인 기술이 전통적인 금융 시스템에 통합되어 가는 과정을 볼 수 있습니다. 블록체인은 거래의 투명성과 효율성을 높이며, 금융 서비스를 더 쉽게 접근할 수 있도록 만들지요. 앞으로 이러한 기술들이 더욱 발전하면, 금융 혁신 역시 더욱 빨라질 것입니다.

스위프트,
스마트 계약으로 국제 은행 간 거래를 좀 더 빠르게!

러시아-우크라이나 전쟁이 발발한 뒤, 러시아 은행들이 스위프트에서 퇴출되었다는 기사가 나온 적이 있습니다. 여기서 스위프트(SWIFT)란 국제은행간통신협회의 약자로, 전 세계 은행과 금융 기관들이 안전하고 표준화된 방식으로 국제 금융 거래 정보를 주고받기 위해 만든 비영리 협동조합입니다.

서로 다른 언어를 사용하는 은행들끼리도 같은 형식의 메시지를 주고받으면서 국제 송금이나 결제를 안전하게 처리할 수 있도록 일종의 전산망 역할을 하고 있지요.

스위프트 로고
https://www.swift.com/

스위프트가 만들어지기 전에는 국가 간 금융 거래를 할 때, 주로 '텔렉스(Telex)'

등을 이용했습니다. 텔렉스는 전 세계적으로 연결된 전신망을 이용해 문자 형태의 메시지를 보내고 받는 방식이었어요. 은행 직원이 송금 요청이나 거래 정보를 한 줄씩 직접 타자로 입력해 보내면, 상대 은행에서 수신 확인을 다시 보내야 거래가 처리되었다는 걸 알 수 있었지요. 모두 사람이 직접 작성하고 확인하는 작업이기 때문에, 오타나 누락이 있을 수 있고, 메시지 전달에 몇 시간에서 하루 이상 걸리기도 했습니다. 거래의 정확성이나 신속성을 보장하기 어렵고, 오류가 생기면 다시 확인하고 수정하는 데 추가 시간이 필요했습니다. 또한 수수료가 높고, 환율 변동이나 중개 은행의 개입으로 인해 거래 비용이 늘어나는 단점이 있었지요.

그러다 1970년대 벨기에 금융계를 중심으로 더 쉽고 안전하고 통일된 결제 시스템이 필요하다는 움직임이 일어납니다. 결국 1973년 5월, 15개국 239개 은행으로 이뤄진 스위프트가 나오게 되지요. 이때부터 스위프트는 텔렉스를 대신할 국제 결제 시스템으로 자리 잡았습니다. 스위프트에는 현재 200여 개국 1만 1천여 개 금융 기관이 참여하고 있습니다. 그만큼 전 세계 많은 금융 기관이 매우 촘촘하게 연결돼 있음을 알 수 있지요.

스위프트는 결제 시스템이지만, 은행끼리 직접 돈을 주고받지는 않습니다. 스위프트에 참여하는 은행들 간에 보안을 걸어 놓은 메시지가 담긴 '스위프트 코드'를 주고받는 것이지요. 가령 스위프트에 참여하는 신한은행을 이용하는 여러분이 역시 스위프트에 참여하는 프랑스 중앙은행을 이용하는 뽀냉 씨에게 돈을 송금한다고 해볼게요. 스위프트는 '신한은행은 여러분 계좌에서 돈을 인출해서 프랑스 중앙은행의 뽀넹 씨 계좌에 입금해라'는 메시지를 담은 스위프트 코드를 신한은행과 프랑스 중앙은행에 부여합니다. 이때 각 은행에서 자체 확인과 승인을 거쳐 거래가 처리되므로, 매일 수조 달러 규모의 거래도 안전하고 효율적으로 관리할 수 있습니다.

이 스위프트가 뱅가드, 씨티그룹, 아메리칸 센추리 인베스트먼트, 노던 트러스트 등의 은행과 협력해서 기업 관련 데이터들을 스마트 계약 형식으로 '블록체인'에 기록하고 자동으로 처리하려는 시도를 시작했습니다. 원래 스위프트는 중앙 서버에서 거래를 처리한 뒤 각 은행이 이를 확인하고 승인하는 중앙 집중식 시스템이었지요. 그렇다 보니 거래 처리 속도가 느린 편이었습니다. 우리가 해외 송금을 할 때 바로 처리되지 않는 이유가 이 때문이지요.

그런데 스위프트가 일부 기업의 데이터들을 시범 삼아 블록체인에 기록하면서 배당금 지급이나 기업 간 합병 등 기업의 주요 일정을 효율적으로 공유하기 시작한 거예요. 아쉽게도 아직까지는 개발 중이지만, 앞으로 스위프트가 블록체인 기술로 좀 더 저렴하고 안전하게 거래할 수 있는 환경을 만들어 나가기를 기대합니다.

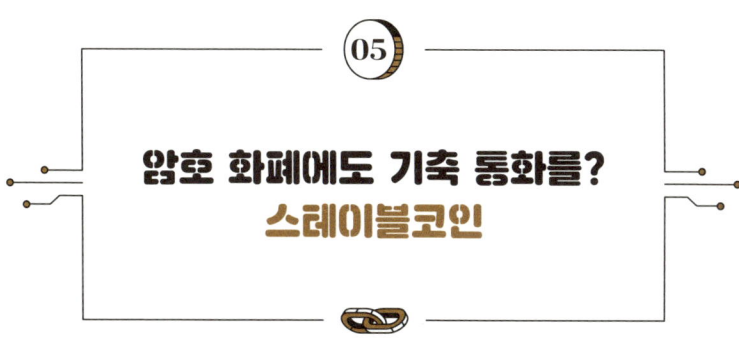

암호 화폐에도 기축 통화를?
스테이블코인

어떤 화폐가 실제 결제 수단으로 쓰이려면 가치가 고정되어야 합니다. 만 원짜리 지폐가 언제든 딱 만 원의 가치를 지녀야 사람들이 믿고 이 종이를 물건 사는 데 맘 편히 사용할 수 있는 것이지요.

그런데 앞서 살펴본 것처럼 암호 화폐는 가치가 고정되지 않습니다. 심할 때는 오전 10시 비트코인 가격과 10분 뒤인 오전 10시 10분의 비트코인 가격이 달라지기도 하지요. 그래서 암호 화폐는 아직까지 결제 수단으로 이용되는 경우가 드물었습니다.

이쯤에서 잠시 과거로 돌아가 봅시다. 처음 종이 화폐가 나왔을 때, 사람들은 이 종잇조각을 믿지 못했습니다. 사람들이 종이 화폐를 믿기 시작한 것은 바로 금 덕분이었지요. 금본위제를 통해 금이

변동성이 큰 암호 화폐	스테이블 코인
가격이 변동되기 쉽다. (예 : 비트코인, 이더리움)	실물 자산에 의해 뒷받침된다. (예 : 미국 달러, 금)

지폐의 가치를 '보증'하고 각 나라가 보유한 금의 양만큼만 화폐를 찍어 냈기 때문에 사람들이 종이 화폐를 믿고 사용한 것입니다. 다시 말해 우선 암호 화폐를 결제 수단으로 사용하기 위해서는 암호 화폐가 '무언가'를 담보로 삼아서 가치가 고정될 수 있어야 합니다.

이때 등장한 개념이 바로 '스테이블코인(stablecoin)'입니다. 스테이블코인은 '안정적'을 뜻하는 스테이블(stable)과 코인(coin)이 합쳐진 말로, 가격이 비교적 안정적으로 유지되도록 설계된 암호 화폐를 말합니다. 일반적인 암호 화폐인 비트코인이나 이더리움은 가격 변동이 매우 크지만, 스테이블코인은 특정 자산의 가치에 연동되어 가격 변동을 최소화하도록 만들어졌지요.

여기서 연동되는 자산은 보통 법정 화폐, 즉 정부가 발행하고 가치를 보장하는 돈인 원이나 달러, 금, 기타 금융 상품입니다. 한마디로 스테이블코인은 1코인이 얼마짜리 돈(달러 등)의 가치를 보장받는 형태라고 생각하면 됩니다. 예를 들어 달러 기반 스테이블코인이라면, 1달러의 가치를 가진 1코인으로 사용이 가능한 것입니다. 거래소에서 코인을 사고팔 때도 가격이 거의 1달러에서 크게 벗어나지 않습니다.

즉, 달러의 가치가 변하면 스테이블코인의 가치도 같은 비율로 따라가도록 설계되어 있습니다. 달러가 다른 나라 화폐에 비해 강세를 보이면, 달러 기반 스테이블코인도 다른 통화 기준으로 가치가 비슷하게 유지됩니다. 이렇게 변동성이 낮기 때문에, 스테이블코인은 비트코인처럼 급격히 가격이 오르내리는 문제를 피하면서, 실제 결제나 송금 등 실생활 금융에 활용하기 좋습니다.

페깅으로 고정되는
화폐 가치

그럼 암호 화폐를 어떻게 일정 가치로 고정시킬 수 있는 것일까요? 바로 페깅(Pegging)을 이용하면 됩니다. 페깅은 특정 자산의 가치를 다른 자산에 고정하는 금융·경제 메커니즘입니다. 원래는 통화 정책에서 많이 활용되지요. 여기서 통화 정책은 정부나 중앙은행이 돈의 양, 금리, 환율 등을 조절해 경제를 안정시키는 방법을 말합니다. **외환 시장**★에서는 페깅을 통해 한 국가의 통화를 특정 외국 통화나 금에 연동(고정)해서 환율을 일정 수준으로 유지

★ **외환 시장**
전 세계 사람들이 24시간, 어디에서든 여행, 무역, 투자 등을 위해 달러나 유로 같은 다양한 외국 돈을 사고팔며 환율을 결정하는 거대한 시장, 금융 네트워크.

합니다. 예를 들어, 홍콩달러(HKD)는 미국 달러(USD)에 고정되어 있습니다. 이렇게 고정하면 환율이 갑자기 크게 오르거나 내리는 것을 막을 수 있고, 수출입 기업이나 투자자들이 환율 변동의 걱정 없이 안정적으로 거래할 수 있습니다.

만약 환율이 자유롭게 급변하면 다른 나라와 물건을 사고파는 기업들은 예상치 못한 손해를 볼 수 있습니다. 페깅을 하면 환율이 안정되므로 기업과 개인이 예측 가능한 가격으로 거래할 수 있고, 경제 전반의 안정성을 높일 수 있어요. 홍콩처럼 외환 시장 규모가 크거나 국제 금융과 밀접하게 연결된 나라는, 달러와 같은 안정적인 통화에 페깅해 환율 안정과 경제 신뢰성을 확보하는 경우가 많지요.

스테이블코인이 페깅을 이용하는 방식은 다음과 같습니다.

달러 같은 법정 화폐나 이더리움 같은 암호 화폐를 일정 금액 이상 담보(초과 담보)로 맡겨 스테이블코인을 발행합니다. 암호 화폐 가격이 크게 떨어질 경우 시스템이 자동으로 '담보'를 파는, '자동청산'으로 손실을 막고 코인의 가치를 유지하지요.

또한 시장에서 스테이블코인 가격이 1달러보다 높거나 낮을 때 투자자들이 **차익**★을 노리고 사고파는 '차익 거래'로 가격이 자연스럽게 다시 1달러에 맞춰지도록 유도합니다. 이렇게 1)초과 담보, 2)자동 청산, 3)차익 거래가 함께 작동하면서 스테이블코인은 달러와 같은 법정 화폐, 금 또는 다른 자산의 가치에 연동(페깅)됩니다. 덕분에 가격 변동을 최소화할 수 있는 것이지요.

★ 차익
가격 변동 등으로
생기는 이익.

이렇게 가치가 안정되면, 스테이블코인을 실제 결제 수단이나 송금 등에서 마치 법정 화폐처럼 사용할 수 있게 됩니다. 물론 스테이블코인은 법적 화폐는 아니지만요. 달러 등 안정적인 자산에 연동되어 있어 일상 거래에서 실제 돈처럼 쓸 수 있을 정도로 가격이 안정적이라는 거예요.

스테이블코인의 가치를 일정하게 유지하는 방식에는 세 가지 페깅 방식이 있습니다. 각 방식은 스테이블코인이 어떤 자산을 담보로 하거나, 어떤 알고리즘으로 가격을 조절하는지에 따라 구분됩니다.

1. 법정 화폐 담보형 스테이블코인

가장 일반적인 유형으로, 발행된 스테이블코인 수량만큼의 법정 화폐를 은행에 예치하여 가치를 고정합니다. 대표적으로 테더(USDT), USD코인(USDC), 앞서 나왔던 JPM 코인 등이 1달러와 동일한 가치를 유지하도록 설계됐지요. 가장 널리 쓰이는 테더를 예로 들면, 테더를 발행한 기관이 1달러를 입금받으면 1테더를 발행해 줍니다. 사용자가 1테더를 스테이블코인 거래소에 반환하면, 그 테더는 발행사와 블록체인 시스템에서 '소각'됩니다. 즉, 블록체인 기록에서 해당 토큰은 더 이상 존재하지 않고, 거래도 할 수 없어요. 대신, 사용자는 동일한 가치의 1달러를 돌려받습니다.

테더는 현재 가장 규모가 큰 법정 화폐 담보형 스테이블코인입니다. 고객이 맡긴 달러는 미국 국채, 은행 예금, 금 같이 안정적이고 유동성이 높은 자산에 투자됩니다. 이렇게 투자에서 생긴 이자나 수

익은 발행사의 운영에 사용되거나, 일부 경우에는 테더를 보유한 고객에게 배당이나 혜택 형태로 돌아갑니다. 즉, 고객이 스테이블코인을 발행사에게 되돌려 주면 코인은 블록체인에서 제거되고요. 그만큼의 실제 달러를 돌려받습니다. 이와 동시에 발행사는 고객이 맡겨 둔 달러를 은행에 보관하거나 국채 같은 안전한 자산에 투자해 이익을 얻는 것입니다.

2. 암호 화폐 담보형 스테이블코인

암호 화폐 담보형 스테이블코인은 코인이 발행될 때 일정 비율 이상의 암호 화폐를 담보로 제공하여 가치를 고정합니다. 담보 자산의 가치가 변동될 경우, 추가 담보를 제공하거나 청산 절차를 밟아 페깅을 유지하지요. 쉽게 말해 이더리움의 이더를 담보로 스테이블코인을 만든다고 할 때, 1달러짜리 스테이블코인을 발행하려면 보통 1달러보다 훨씬 많은 가치의 암호 화폐, 예를 들어 1.5달러어치 이더를 담보로 맡겨야 합니다. 암호화폐 가격은 매우 크게 변동할 수 있어서, 만약 담보로 맡긴 이더리움 가치가 갑자기 떨어져도, 원래 발행된 스테이블코인보다 더 많은 이더리움을 담보로 잡아 두었기 때문에 스테이블코인 가치는 안정적으로 유지됩니다. 즉, 담보 가치가 부족해질 정도로 이더리움 가격이 크게 하락하면, 시스템이 자동으로 담보를 팔아 현금으로 바꿔 코인의 가치를 1달러에 가깝게 유지하는 구조인 것이지요.

3. 알고리즘 기반 스테이블코인

알고리즘 기반 스테이블코인은 별도의 달러나 암호 화폐 같은 담보 자산 없이 코인의 공급량을 자동으로 조절하는 알고리즘으로 가치를 안정시키려는 방식입니다. 예를 들어, 1달러로 맞춰야 하는 코인 A의 가격이 1달러보다 올라가면, 시스템은 가격을 안정시키기 위해 코인 B를 새로 만들어 내놓습니다. 코인 B를 더 많이 내놓으면 사람들이 코인 A를 팔고 B를 사는 과정에서 자연스럽게 코인 A의 가격이 내려가게 되지요.

반대로 코인 A 가격이 1달러보다 떨어지면, 시스템은 코인 B를 일부 없애서(소각해서) 코인 A를 사려는 수요를 늘리고, 그 결과 코인 A 가격을 다시 올리게 됩니다. 코인 B는 가격 안정 장치 역할을 하고, 코인 A의 담보가 아니라 A 가격을 조정하기 위해 사용하는 도구인 것이지요. 그래서 코인 A 가격이 오르면 코인 B를 늘리고, 코인 A 가격이 떨어지면 코인 B를 줄여 A 가격을 1달러 근처로 유지합니다.

대표적인 사례로 2020년에서 2022년 5월까지 큰 주목을 받았던 테라-루나(Terra-Luna) 코인이 있습니다. 이 코인은 담보 자산이 전혀 없는 대신, '알고리즘'으로 1달러 가치를 유지하려 했지만, 구조적인 문제가 드러났지요. 테라-루나는 처음에 '테라를 은행에 예금하듯 맡기면 1년에 20%나 되는 이자를 준다'고 약속하며 큰 인기를 끌었습니다.

하지만 발행사가 이 이자가 어디서 계속 나오는지 제대로 설명하지 않자, 투자자들 사이에서 점점 의심이 커지기 시작했습니다. 게다가 테라는 1달러 가치를 유지하기 위해 루나라는 코인을 사용하는 구조였지만, 실제로는 루나가 실제 자산을 담보로 하고 있지 않았습니다. 그래서 투자자들은 테라 가격이 안정적일지 불안해했지요. 그러던 중 일부 큰 투자자들이 테라를 대량으로 팔자, 다른 투자자들도 불안해하며 앞다퉈 테라를 팔기 시작했습니다.

테라 가격이 1달러 아래로 떨어지자, 시스템은 약속대로 테라를 가져오는 사람들에게 1달러어치의 루나를 새로 찍어서 나누어 주었습니다. 원래는 테라 가격이 내려가면 루나를 줄이거나 소각해 테라 가격을 올리는 것이 안정 구조였지만, 테라의 가치를 억지로라도 붙잡아 보려고 루나를 계속 발행한 것이죠. 하지만 공급이 늘자 루나 가격마저 떨어지면서 1달러를 맞춰 주기 위해 찍어내야 할 루나의 양은 기하급수적으로 늘어났습니다. 시장에 루나가 너무 흔해지면서 두 화폐 모두 가치가 바닥으로 치닫는 악순환에 빠지고 말았지요. 결국 알고리즘 기반 스테이블코인은 담보가 없어서 시장 신뢰가 흔들릴 경우 방어할 장치가 부족하다는 한계가 있었던 거예요.

미국 지니어스 법, 스테이블코인을 인정하다

2025년 7월, 미국에서 스테이블코인을 법제화하는 『지니어스 법

(GENIUS Act; Guiding and Establishing National Innovation for U.S. Stablecoins Act(미국 스테이블코인을 위한 국가 혁신 지도 및 설립법)』이 제정되었습니다. 지니어스 법은 스테이블코인이 합법적이고 안전하게 사용될 수 있도록 규제하는 법입니다. 미국은 이 법을 통해 스테이블코인 및 디지털 자산 분야에서 글로벌 리더십을 강화하려는 의지를 보였지요. 그런데 왜 미국이 이렇게 스테이블코인을 본격적으로 법제화한 걸까요?

단적으로 말해, 미국 국채 때문입니다. 2018년 1월부터 지금까지 이어진 미국과 중국의 무역 갈등 때문에 중국은 그간 보유하고 있던 미국 국채를 계속 팔아서 미국 국채 보유량을 줄이고 있었지요. 이 때문에 대량의 국채가 시장에 풀리면서 미국 국채 가격이 떨어지고 금리가 상승했습니다. 앞으로 국채를 발행할 때 미국은 더 많은 이자를 부담해야 될 상황인 것이지요.

채권은 가격과 금리가 반대로 움직이는데요. 예를 들어 국채 1장을 1,000달러에 사면 매년 50달러의 이자를 받는다고 가정해 볼까요? 이 채권 가격이 800달러로 떨어지면 어떻게 될까요? 여전히 50달러의 이자를 받지만, 800달러를 투자하고 50달러를 버는 셈이니 수익률은 더 높아집니다. 그래서 국채 가격이 하락할수록 '수익률', 즉 금리는 올라가게 되는 것입니다.

그런데 국채 금리가 올라가면 미국 정부가 앞으로 새로 발행하는 국채에는 더 높은 이자를 약속해야 합니다. 그래야 투자자들이 사줄 테니까요. 내가 1,000달러 내고 50달러를 이자로 받는데, 내 옆집 사람은 나보다 늦게 샀다는 이유로 800달러 내고 50달러를 이자로 받는다면 상대적으로 손해를 봤다고 생각하게 되겠지요. 그러면 이미 발행된 기존 국채를 사려는 사람은 적어질 수밖에 없습니다. 언제 내가 산 국채 값이 떨어져, 상대적으로 손해를 보게 될지 모를 일이니까요. 상황이 심해지면 국채를 사줄 투자자는 점점 부족해질 테고, 금리는 급등할 위험이 있습니다.

미국 국채는 전 세계 투자자들이 '안전하게 내 돈을 맡길 수 있는 자산'이라고 믿는 채권 중 하나입니다. 국채 금리가 안정적이면 달러와 미국 경제에 대한 신뢰도 강하게 유지되지요. 그런데 대량의 국채가 시장에 풀리면서 금리가 급등하고 가격이 불안정해지면, 투자자들은 어쩌면 미국이 약속한 이자를 제대로 지급할 수 없을지도 모른다고 생각하게 됩니다. 세계에서 가장 안전하다고 여긴 자산이 흔들리면 미국의 화폐인 달러와 미국 경제에 대한 신뢰도 함께 흔들립니다. 이렇게 달러에 대한 신뢰가 약해지면, 미국이 세계 경제에서 누려온 달러 패권에도 균열이 생길 수 있습니다.

국채와 스테이블코인의 공생, 달러 패권을 지키기 위한 미국의 전략

이런 상황에서 달러에 연동된 스테이블코인이 활발히 사용되기 시작하면, 스테이블코인을 발행하는 회사, 즉 스테이블코인 운영사는 그만큼 달러를 보유해야 합니다. 이때 스테이블코인 운영사는 달러를 그냥 보유하는 것이 아니라 미국 국채 등 안전하면서도 유동성이 높은 투자처에 투자해 수익을 냅니다. 스테이블코인 운영사가 미국 국채에 투자하기 위해 국채를 사들이면, 미국 입장에서는 국채를 팔고 얻은 돈으로 부채를 갚을 수 있지요.

국제결제은행이 2025년 5월 발표한 보고서에 따르면 2017년 1분기부터 2024년 2분기까지 달러 연동 스테이블코인 거래의 90% 가량이 미국 외에서 발생했다고 합니다. 지니어스 법은 **이 스테이블코인의 준비금을 '달러'와 '미 단기 국채' 등으로 '100%' 보유해야 한다**고 정했습니다. 마치 은행이 고객의 돈을 함부로 쓰지 못하게 금고에 보관해 두는 것과 같습니다. 이 법 덕분에 테라 루나 코인 사태처럼 코인 가치가 하루아침에 0원이 되는 위험을 막고, 스테이블코인을 진짜 달러처럼 믿고 쓸 수 있는 환경이 만들어진 것입니다.

스테이블코인 가격이 실제 화폐 가치와 동일한 상태를 유지하려면 스테이블코인 가격에 1대1로 상응하는 담보를 실물 자산으로 갖고 있어야 해요. 지니어스 법에 따르면, 1달러어치 코인을 발행하고 투자자가 이를 사면 발행자는 1달러나 그만큼의 가치를 지닌 미국 국채를 사서 준비금으로 갖고 있다가, 고객이 다시 달러로 바꿔 달라고 할 때 달러나 국채를 팔아 얻은 현금을 지급하는 것입니다. 그렇게 되면 미국 국채를 사려는 수요가 자연스럽게 늘게 됩니다.

세계 최대 스테이블코인 발행 기업인 테더(Tether)는 현재 독일 전체가 보유한 국채보다 더 많은 미국 국채를 준비금으로 가지고 있습니다. 여기서 '준비금'이란, 발행한 스테이블코인을 일정 가치로 보장하기 위해 기업이 따로 안전하게 보관해 두는 자산을 말해요. 민간 기업이 스테이블코인을 발행하면서 이 준비금으로 미국 국채를 사들이면, 자연스럽게 국채를 사려는 사람들이 늘어나게 됩니다. 기업도 저렇게 믿고 사는데, 괜찮을 거라는 심리가 생기는 것이지요.

그리고 이렇게 국채를 사려는 사람들이 많아지면 국채 가격이 오릅니다. 가격이 오르면 반대로 단기 국채 금리는 낮아집니다. 금리가 낮아지면 미국 정부가 새로 국채를 발행할 때 내야 하는 이자는 줄어들지요. 결과적으로 미국 정부의 재정 부담도 줄어들게 됩니다. 무엇보다 자연스럽게 암호 화폐 경제에서는 미국 달러를 법정 화폐처럼 쓰게 됩니다. 달러가 이미 세계 무역에서 가장 많이 쓰이는 기축 통화인데, 디지털 공간에서도 기축 통화로 쓰일 수 있는 거예요. 그게 어느 나라건 상관없이 말이지요.

디지털 시대의 돈, 원화 기반 스테이블코인이 필요한 이유

전통적으로 돈은 그 국가의 중앙은행이 찍어 내고 국가가 통제해 왔습니다. 하지만 민간 기업이 자체적으로 돈처럼 쓰이는 디지털 자산인 스테이블코인을 발행하면서, 사실상 새로운 화폐 발행자 역할을 하고 있습니다. 이는 '누가 돈을 만들고, 통제하는가?'라는 금융 주권의 근본 개념에 도전하는 일입니다.

　문제는 현재 스테이블코인과 같은 암호 화폐들이 처음 사토시 나카모토가 꿈꾼 완전한 탈중앙화 암호 화폐와는 조금 다르다는 점입니다. 애초에 스테이블코인은 암호 화폐 가격이 너무 쉽게 변하다 보니, 실생활에서 결제하는 데 사용하거나 자산을 운용하기가 어려워서 나온 거였으니까요. 발행하는 곳이 달라졌을 뿐, 스테이블코인 운영사가 중앙에서 관리를 하는 경우가 많지요. 게다가 미국은 스테이블코인을 이용해서, 달러 기반 스테이블코인, 즉 미국이 중심이 되는 디지털 금융 세상까지 꿈꾸고 있지요.

　이처럼 요즘 일부 암호 화폐가 일정 부분 중앙에서 관리되고, 미국은 달러를 기반으로 한 스테이블코인을 키워 세계 금융 시장에서 강한 영향력을 행사하려고 합니다. 이런 상황에서 우리나라 역시 변화에 맞춰 대응할 필요가 있습니다. 원화(KRW)를 기준으로 하는 스테이블코인이 중요한 이유지요.

　원화 기반 스테이블코인은 우리 경제와 금융 시스템의 안정성을 지키면서, 동시에 디지털 금융 혁신의 세계적인 흐름에 뒤처지지 않도록 도울 수 있습니다. 무엇보다 우리가 해외에서도 원화로 손쉽게 결제하거나 디지털 자산을 거래할 수 있으려면, 원화의 디지털 버전을 준비해야 해요. 이는 한국 경제의 주권을 지키고, 글로벌 디지털 금융 경쟁에서 뒤처지지 않기 위한 매우 중요한 과제입니다. 만약 원화 기반 스테이블코인이 없다면, 우리는 어쩔 수 없이 달러 기반 스테이블코인을 디지털 금융에서 우리의 법정 화폐처럼 사용해

소버린 AI

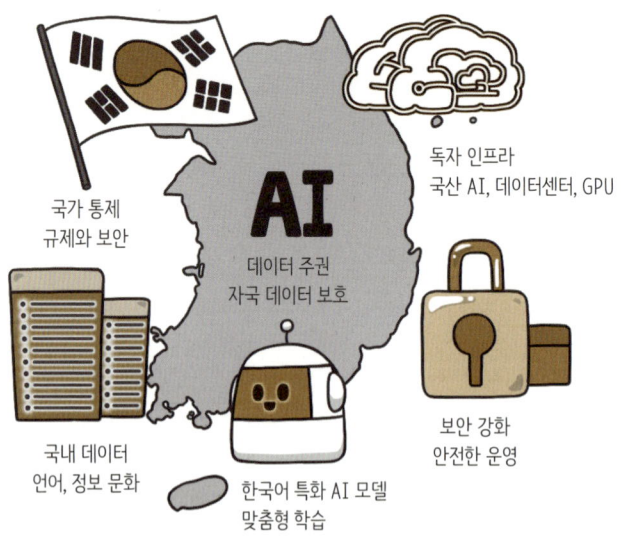

대한민국 AI 주권을 지키다

독자 인프라
국산 AI, 데이터센터, GPU

국가 통제
규제와 보안

AI

데이터 주권
자국 데이터 보호

보안 강화
안전한 운영

국내 데이터
언어, 정보 문화

한국어 특화 AI 모델
맞춤형 학습

야 할지도 모르니까요.

무엇보다 블록체인은 기본적으로 탈중앙화, 즉 특정 기관이나 개인이 아닌 여러 참여자가 함께 운영하는 기술입니다. 하지만 블록체인 위에서도 일부 서비스는 중앙화된 방식으로 운영될 수 있어요. 예를 들어 스테이블코인은 발행사나 관리 기관이 있고, 가격 안정을 위해 준비금을 관리하는 중앙화적인 요소가 있습니다. 그렇다고 해서 블록체인 철학과 완전히 모순되는 것은 아닙니다. 블록체인이라는 개방형 플랫폼 위에서 중앙화와 탈중앙화 방식이 공존할 수 있기 때문이지요.

이런 구조 덕분에 원화 기반 스테이블코인은 우리나라 금융 환경에서 실질적인 역할을 할 수 있습니다. 예를 들어, 은행과 기업이 블록체인상에서 빠르고 안전하게 돈을 주고받거나 결제를 정산할 때, 변동성이 적고 안정적인 원화 스테이블코인을 사용하면 거래 리스크를 줄일 수 있습니다. 즉, 블록체인 기술과 기존 금융 시스템을 연결해 주는 다리 역할을 하는 셈입니다. 그리고 이러한 안정적인 암호 화폐 결제 수단은 앞으로 소버린 AI(Sovereign AI) 시대에 더욱 중요해집니다.

소버린 AI는 특정 국가나 지역이 독자적으로 운영하는 인공지능 생태계를 말해요. 이 안에서 AI가 자동으로 계약을 체결하거나 결제를 하려면, 가격이 안정적이고 신뢰할 수 있는 화폐가 필요합니다. 만약 화폐 가치가 갑자기 오르거나 내리면, AI가 계약을 수행할 때 위험이 커지기 때문이지요. 그래서 원화 기반 스테이블코인 같은 안정적인 디지털 화폐가 유용합니다. 여기에 블록체인을 활용하면 거래 기록이 위조되거나 변조될 위험이 낮아지고, AI가 안전하게 경제 활동을 수행할 수 있는 환경이 만들어집니다. 이렇게 되면 외국 화폐에 의존하지 않고, 국가 단위에서 디지털 경제를 운영할 수 있는 디지털 주권과 경제 자율성도 확보할 수 있습니다.

소버린 AI란?

소버린 AI(Sovereign AI)는 외국 기술에 의존하지 않고, 자국 내 기술과 데이터를 활용해 독자적으로 개발·운영하는 인공지능 시스템을 뜻합니다. 소버린(sovereign)이라는 단어는 국가의 최고 권력, 즉 주권을 의미하는 표현입니다. AI 개발과 활용에서 국가가 통제권을 갖겠다는 전략을 담고 있지요.

한국형 소버린 AI는 한국 기업이 보유한 한국어 데이터를 학습하고, 국내 데이터센터와 네트워크 기반에서 가동되는 AI를 말합니다. 이를 통해 우리 사회와 문화, 언어에 더 잘 맞는 AI 서비스를 만들고, 국방이나 의료처럼 민감한 분야에서도 안전하게 활용할 수 있는 기반이 됩니다.

무엇보다 소버린 AI는 단지 기술 자립이 아니라, **데이터 주권***을 지키는 중요한 수단이기도 합니다. AI 모델은 AI 서비스를 이용하는 사용자에게서 얻은 데이터를 다시 학습에 사용하면서 점점 똑똑해집니다. 그런데 이 데이터가 외국 기업의 플랫폼을 통해 유출될 경우, 개인정보 침해와 산업 경쟁력 상실로 이어질 수 있습니다.

★ 데이터 주권
데이터가 생성, 저장, 처리되는 국가 또는 지역의 법률과 규정을 따라야 한다는 원칙.

실제로 2025년에 나온 중국 스타트업의 AI 모델 딥시크(DeepSeek)가 출시 일주일 만에 한국 이용자가 120만 명을 넘어설 정도로 큰 관심을 모았지만, 곧 공공기관과 시중은행, 증권사, 기업들까지 일제히 딥시크 접속을 차단했습니다. 딥시크가 사용자의 이름, 생년월일, 이메일뿐 아니라 IP주소, 키보드 입력 패턴, 채팅 기록과 파일까지 수집하고, 모든 정보가 중국 서버로 전송된다는 것이 알려졌기 때문입니다.

이처럼 외부 AI 플랫폼 사용이 데이터 유출로 이어질 수 있는 현실 속에서, 세계 각국은 자국 내에서 통제 가능한 AI 생태계를 만들기 위해 노력하고 있습니다. 프랑스, 인도, 영국 등은 이미 정부와 민간이 함께 소버린 AI 전략을 추진하는 중입니다. 우리나라 역시 인프라와 법 제도, 산업 전반의 협력이 필요한 시점인 것이지요.

스테이블코인과 닮은 듯 다른 CBDC

CBDC(Central Bank Digital Currency)란 단어 그대로 중앙은행이 발표하는 디지털 화폐입니다. 우리나라의 경우 한국은행이 만드는 디지털 화폐가 CBDC인데요. CBDC는 중앙은행이 발행하기 때문에 그 가치가 안정적이며, 신뢰도가 높고 거래 역시 투명하게 관리될 수 있지요. 중간에 결제를 중개하는 기관 수가 크게 줄어들기 때문에 수수료를 아낄 수도 있고요.

CBDC는 그 가치가 안정적이라는 점이 스테이블코인과 유사합니다. 스테이블코인은 민간 기업이나 재단이 운영하며, 아직 규제가 완벽히 만들어지지 않았기 때문에 법적인 규제나 보호가 미흡합니다. 그러나 CBDC는 중앙은행이 관리하기 때문에 현행 법률로도 충분히 규제가 가능합니다. 또한 운영 기관의 문제로 페깅이 깨질 가능성이 있는 스테이블코인과 달리, CBDC는 국가가 파산하지 않는 이상 그 가치가 유지되어 안정성도 높습니다.

★ 예금 토큰
기존의 숫자뿐인 예금에 블록체인 기술을 입혀서, 단순한 송금뿐만 아니라 스마트 계약 기능까지 직접 실행할 수 있게 만든 디지털 형태의 예금. 은행 예금을 디지털 코인처럼 만든 것.

우리나라 통화 정책을 책임지는 한국은행도 '프로젝트 한강'이란 이름 아래 이 코인을 열심히 개발해 왔지요. 한국은행의 CBDC는 사용처에서 QR코드를 찍으면, CBDC를 기반으로 하는 **예금 토큰**★으로 결제가 진행됩니다. 사용자가 보유한 예금 잔액 중 사용 금액만큼 예금 토큰으로 바뀌어 쓰이는 방식이지만, 실제 사용자가 결제할 때는 일반적인 간편 결제와 크게 차이점이 없지요.

 이렇게 우리나라에서 적극적으로 CBDC 실험이 진행되는 것과 달리 미국에서는 CBDC가 그다지 환영을 받고 있지 않아요. 바로 CBDC가 정부의 감시 수단이 될 수 있다는 것이 주요 이유입니다. 하지만 유럽 등 주요 국가들은 여전히 CBDC를 적극적으로 추진하고 있습니다.

PART 04

여러분이
만들어 갈
미래 금융

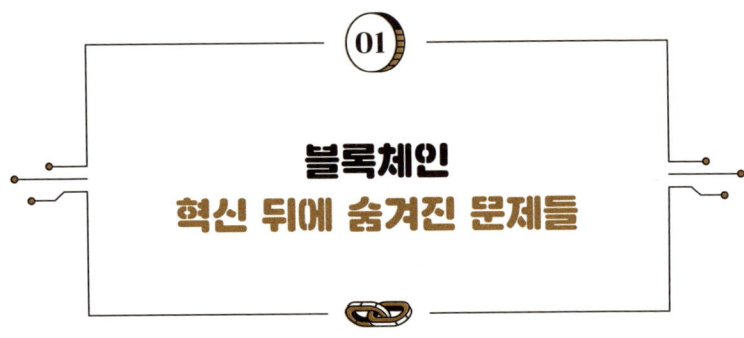

01

블록체인
혁신 뒤에 숨겨진 문제들

　새로운 기술은 등장하면서 엄청난 혁신을 몰고 오기도 하지만, 새롭기 때문에 예상치 못한 문제가 생기기도 합니다. 블록체인 역시 마찬가지입니다. 이제껏 블록체인에 대해 알아가면서 여러분도 여러 의문과 모순점들을 느꼈을 것입니다.

　블록체인은 '탈중앙화'를 완벽하게 이룰 수 있을까? 거래 속도와 확장성 문제는 어떻게 해결할 수 있을까? 에너지 소비가 너무 많아 환경에 미치는 악영향은 어떻게 줄일 수 있을까? 보안이 뛰어나다고 하지만, 해킹이나 사기 위험이 정말 완전히 없을까? 모든 참여자가 거래를 검증하는 구조가 현실적으로 지속 가능할까? 법적 규제와 국제 협력 없이 블록체인은 어떻게 신뢰를 유지할 수 있을까? 블록체인 기술이 기존 금융 시스템과 어떻게 조화를 이룰 수 있을까? 등등.

여러분이 이런 의문을 갖는 것은 당연합니다. 블록체인에는 여전히 해결해야 할 문제점들이 있고, 기존 금융 시스템을 완전히 대체하지 못하고 있지요. 스테이블코인이나 디파이 같은 새로운 서비스들이 블록체인 기술을 기반으로 성장하고 있지만, 기존 은행과 금융기관의 역할을 보완하거나 보조하는 역할을 하고 있고요. 블록체인은 보안성과 투명성을 높이는 기술로 주목받고 있지만, 탈중앙화와 대규모 금융 시스템 구축이라는 이상과 현실 사이에는 여전히 큰 벽이 있습니다.

또, 아직까지는 달러나 원화처럼 전 세계에서 신뢰받고 널리 사용되는 '통화' 역할을 하는 암호 화폐도 없지요. 실제로 암호 화폐를 통화로 쓰려고 시도한 적이 있는데 실패했거든요. 2017년 미국의 경제 제재를 받은 베네수엘라가 인플레이션을 극복하기 위해 암호 화폐 페트로를 도입하려 했습니다. 당시 베네수엘라 통화인 볼리바르(bolivar) 가치가 바닥까지 떨어져 아무리 돈이 많아도 물건 하나를 제대로 살 수 없었기 때문이었지요. 이렇게 물가가 치솟고 경기가 최악이 되자 새로운 화폐인 페트로를 만들어 경제난을 극복하려고 했습니다. 베네수엘라 정부는 국민들에게 강제로 페트로를 사용하게 했지만, 결과적으로 페트로는 6년 만에 더 이상 사용되지 못하게 됩니다.

페트로가 실패한 가장 큰 이유는 세계적으로 인정받지 못했기 때문입니다. 당시 미국 재무부는 페트로를 정면으로 비난하고, 베네수엘라가 경제 제재를 위반하고 암호 화폐인 '페트로'를 발행했기 때문에 페트로 구매가 위법 행위가 될 수 있다고 했습니다. 독재자인 니콜라스 마두로 전 대통령이 베네수엘라 국민들에게는 페트로를 사용하도록 강요할 수 있었지만, 미국을 포함한 전 세계에 페트로를 사용하도록 강요할 수는 없었던 거예요.

결국 암호 화폐가 통화로 인정받기 위해서는 그 나라의 신뢰만이 아니라 그 나라와 교역하는 다른 나라들의 신뢰도 얻어야 합니다. 국가나 은행 없이 개인끼리만 금융 시스템을 만들어 완전히 '중앙'을 탈출하는 일은 어쩌면 지금 세계 경제 무역 시스템에서 당장은 불가능에 가까울지도 모릅니다.

스마트 계약이 지닌 한계가 드러나다, 오라클 문제

스마트 계약은 또 어떨까요? 계약을 코드로 짜서 블록체인에 올리면, 조건을 만족시키는 대로 자동으로 계약을 이행해 준다니 놀라운 기술이지요. 그런데 사실 스마트 계약에는 작은 반전이 숨어 있습니다. 이름은 '똑똑이'지만, 생각보다 똑똑하지 않은 면도 있거든요.

예를 들어 여러분이 친구와 수학여행을 떠나는 날, 비가 올지 말지를 내기했다고 가정해 볼까요? 여러분은 '비가 온다'는 데 걸었고, 친구는 '비가 오지 않는다'에 걸었습니다. 당일 일기 예보에서 비가 온다고 하면 친구가 여러분한테 천 원을 주고, 반대라면 여러분이 친구에게 천 원을 주는 계약을 스마트 계약으로 만들어 블록체인에 올렸습니다. 스마트 계약은 계약 조건에 따라 수학여행 날 아침 기상청 홈페이지에서 일기 예보를 확인합니다. 그리고 비가 내린다는 것을 확인하면 자동으로 친구 계좌에서 여러분 계좌로 천 원을 보내지요. 혹시 지금 여러분은 이 스마트 계약의 이상한 점을 발견했을까요?

또 다른 예를 들어 보겠습니다. 여러분은 친구와 여행을 가면서 1박 2일 동안 다른 사람의 집을 빌리려고 합니다. 이때 에어비앤비 없이 블록체인에 만들어진 스마트 계약으로 예약해 보는 거지요.

여러분이 예약한 집에 도착하면, 스마트 계약은 여러분이 돈을 냈는지 확인합니다. 그리고 예약한 집에 설치된 CCTV 등으로 여러분이 도착한 것을 확인합니다. 이후 사물인터넷 기술을 활용해서 현관문을 열어 준 뒤 여러분이 전기나 와이파이 등을 쓸 수 있게 해줄 것입니다.

그냥 봐서는 뭐가 문제인지 알아채기 어려울 수 있습니다. 그런데 앞서 우리가 블록체인에 대해 알아본 것을 다시 한 번 떠올려 봅시다. 우리는 지금까지 블록체인이 해킹으로부터 안전하다고 이야기했습니다. 물론 블록체인은 해킹을 당할 위험이 현저히 낮습니다. 블록체인 네트워크에 참여하는 사람들을 동시에 모두 해킹하기란 거의 불가능하기 때문이지요.

게다가 블록체인은 기능적으로 외부 시스템에서 데이터를 호출하거나 전송할 수 없거든요. 블록체인 네트워크는 인터넷 연결이 되지 않은 컴퓨터와 유사해요. 문제는 스마트 계약을 제대로 사용하려면 계약 조건을 지켰는지 여부를 확인하기 위한 '제3의 존재'가 필요하다는 것입니다.

첫 번째로 든 예시에서는 기상청의 데이터가 필요하고요. 두 번째 예시에서는 현관문에 달린 CCTV의 센서가 필요합니다. 두 개의 스마트 계약이 유효하기 위해서 우리는 제3의 존재인 '기상청 데이터'와 'CCTV 센서'를 믿어야 합니다. 계약을 제대로 완료하기 위해서는 블록체인 네트워크 '외'의 '무언가'에 의존해야 하는 거지요. 기상청 데이터도, 센서도 다른 사람이 얼마든지 조작할 수 있는데도 말이에요. 해킹에서 비교적 안전한 블록체인을 이용하는 보람이 없어지는 것이지요.

이게 바로 스마트 계약이 지닌 가장 큰 문제 중 하나인 '오라클 문제'입니다. 오라클 현상, 또는 연결성 문제라고도 하지요. 여기서 오라클은 블록체인이 외부 데이터를 직접 알 수 없기 때문에, 현실 세계의 정보를 블록체인에 전달하는 시스템을 말합니다.

일반적으로 블록체인 안에 있는 데이터를 온체인(on-chain) 데이터, 블록체인 밖에 있는 데이터를 오프체인(off-chain) 데이터라고 합니다. 위 예시에서는 '기상청 데이터'와 'CCTV 센서'가 오프체인 데이터입니다. 블록체인에 기록된 온체인 데이터는 블록체인 기술 특성 덕분에 위조나 변조가 어렵습니다. 하지만 오프체인 데이터는 다릅니다. 누군가 악의적으로 조작하거나 해킹을 해서 잘못된 정보를 입력할 수 있어요. 그렇게 되면 스마트 계약에 대한 신뢰가 무너지지요.

무엇보다 스마트 계약에는 오라클 문제만 있는 게 아닙니다. 우리가 누군가와 계약을 할 때 도덕성에 어긋나거나 법률에 금지되는 내용이 포함되면, 그 계약 자체는 무효가 됩니다(대한민국 민법 제103 등 참조).

하지만 스마트 계약은 그저 계약을 잘 지키도록 해줄 뿐, 계약 내용이 공정한지 현명하게 따지 않습니다. 스마트 계약은 효율적이고 논리적이지만, 도의적이거나 인간적이지는 않은 것이지요.

아울러 스마트 계약으로 한 번 배포된 계약은 수정이 힘듭니다. 이건 블록체인 특징 때문입니다. 모두가 공유, 검증, 실행할 수 있지만 수정을 할 수 없다는 것! 이게 장점이기도 하지만, 수정할 수 없기 때문에 계약에서 문제점을 발견해도 바로 개선할 수 없지요.

탈중앙화의 의미가 퇴색되다, 블록체인의 트릴레마 문제

블록체인이 잘 작동하려면 세 가지가 꼭 필요합니다. 바로 '안전성', '속도(효율성)', 그리고 '탈중앙화'입니다. 그런데 사실 이 셋을 모두 완벽하게 갖추는 일은 매우 어렵습니다. 이를 '블록체인 트릴레마'라고 부릅니다. 트릴레마는 숫자 3을 의미하는 접두사 'tri-'와

명제 또는 문제를 의미하는 접미사 '-lemma'의 조합으로 만들어진 단어입니다. 이는 세 가지 선택지가 제시되지만 세 가지 모두를 만족시킬 수는 없는 상황을 뜻하지요.

블록체인이 보안을 강화하려면 많은 컴퓨터들이 거래를 검증해야 해서 처리 속도가 느려질 수 있습니다. 반대로 거래 속도를 빠르게 하려면 참여 노드 수를 줄이거나 중앙화할 위험이 있어 탈중앙화가 약해질 수 있지요. 또한, 탈중앙화를 유지하면서 네트워크가 너무 느려지면 실생활에 쓰기 어렵게 됩니다. 그래서 많은 블록체인 플랫폼은 이 셋 중 두 가지를 선택하고, 나머지 하나는 조금 포기하는 방식으로 운영되고 있습니다.

그중에서도 '탈중앙화'를 포기하는 경우가 많지요. 금융 시장에서는 거래 처리 속도와 시스템의 효율성이 매우 중요하기 때문이에요. 은행이나 증권 거래소처럼 대규모 거래가 순간적으로 이뤄지는 곳에서는 빠른 처리 속도가 생명입니다. 완전한 탈중앙화를 유지하려면 수많은 참여자가 거래를 검증해야 하기 때문에 거래 속도가 느려지고, 이는 금융 거래와 경제의 효율성을 떨어뜨릴 수 있지요.

따라서 많은 금융 관련 블록체인 프로젝트나 디지털 자산 플랫폼은 탈중앙화를 어느 정도 희생하고, 권한을 특정 기관이나 노드에 집중하는 '부분 중앙화' 방식을 선택합니다. 이렇게 하면 거래 처리 속도와 안정성을 높일 수 있어서 실제 금융 산업에 더 적합한 시스템을 만들 수 있으니까요. 그리고 이렇게 부분 중앙화된 플랫폼에 사람들이 몰리지요.

문제는 여기서 시작됩니다. 블록체인은 원래 '탈중앙화'를 목표로 만들어졌어요. 즉, 은행이나 정부 같은 중앙 기관 없이도 사람들이 직접 거래할 수 있도록 하는 것이지요. 그런데 현실에서는 이더리움이나 비트코인 같은 몇몇 대형 플랫폼이 시장의 대부분을 차지했습니다. 많은 서비스와 토큰이 이 위에서 돌아가다 보니, 사실상 '중앙'이 다시 생긴 셈이에요. 규칙이 바뀌거나 수수료가 오르면, 이용자들은 그에 따라야 합니다. 마치 나쁜 은행이 있었어도 은행에 따라야 했던 것처럼요.

이렇게 되면 탈중앙화의 장점이 줄어듭니다. 기술적으로는 분산되어 있어도, 운영과 영향력은 몇몇 플랫폼에 집중되기 때문에 '의존성' 문제가 생깁니다. 게다가 대형 플랫폼이 해외에 있으면, 한 나라가 금융이나 데이터 주권을 지키기도 어려워집니다.

블록체인의 익명성과 안정성이 악용된다면?

지금까지 우리가 비트코인 이야기를 하며 설명한 블록체인 방식은 퍼블릭 블록체인입니다. 모든 사람이 네트워크에 접근할 수 있고 아무나 참여해도 됩니다. 누구나 암호화된 정보에 접근할 수 있지만 해당 정보가 누구 것인지는 알 수 없고요. 한마디로 '익명성'을 갖습니다. 문제는 이 익명성 때문에 퍼블릭 블록체인은 정보 보호가 쉬운 대신 불법적인 거래의 온상이 되기도 합니다.

암호 화폐로 도박을 하거나 무기 등을 사고파는 암시장이 나타나기도 했고요. 자금 추적이 어렵기 때문에 불법 상속이나 증여, 탈세, 비자금을 위한 돈세탁 등에 이용되기도 했지요. 블록체인의 장점이라고 할 수 있는 익명성과 안정성이 되레 블록체인을 범죄로 끌어들인 셈입니다.

그런데 블록체인 기술은 이런 문제들을 앞으로도 해결할 수 없는 걸까요? 지금까지 미래 금융에서 블록체인이 얼마나 중요한지, 그런 블록체인이 얼마나 멋진 기술인지 계속 이야기해 왔는데, 전부 쓸모없는 이야기였을까요?

그건 아닙니다. 바로 이 멋진 기술의 문제점을 극복하고 무한한 잠재력을 끌어내기 위한 사람들이 많이 있고, 앞으로도 많을 것이기 때문이지요. 여러분을 포함해서요!

02

새로운 기술의
문제 해결사가 되어 보자!
블록체인 전문가

앞서 우리는 블록체인 기술이 가진 문제점들에 대해 살펴보았습니다. 그런데 사실 이런 상황은 블록체인 기술만 겪었던 것은 아닙니다. 새로 나온 기술이라면 기존 시스템과 사회에 적용되면서 충돌하는 부분이 있기 마련입니다. 응당 치러야 하는 통과 의례라고 할 수 있지요. 마치 새로운 전염병이 출현했을 때 연구자나 의사들이 모여 백신과 치료제를 만들기 위해 노력하는 것처럼, 블록체인도 기술이 지닌 문제점을 해결하기 위해 노력하는 해결사들이 있습니다. 바로 블록체인 전문가들이지요.

블록체인 전문가는
어떤 일을 할까?

블록체인 전문가는 블록체인 기술에 대해 관심을 기울이고, 암호화폐와 블록체인 네트워크를 개발하는 사람들 전부가 해당됩니다. 블록체인 개발자, 블록체인 플랫폼 개발자, 블록체인 엔지니어와 블록체인 데이터 분석가 등이 전부 블록체인 전문가입니다. 이들은 블록체인 기술의 약점을 찾아내고 개선하는 방법을 연구하며, 안전하고 효율적인 시스템을 설계하고 운영합니다. 또한, 블록체인 기술이 더 널리 쓰이도록 기업과 개인에게 올바른 정보와 교육을 제공하기도 하고요. 해킹 같은 위협으로부터 시스템을 보호하는 역할도 맡고 있습니다.

블록체인의 근본 문제,
트릴레마를 해결하려는 노력

블록체인은 처음부터 한 사람이나 한 기관이 모든 권한을 가지지 않고, 네트워크에 참여한 사람들이 함께 빠르고 안전하게 운영하는 것을 목표로 했습니다. 하지만 앞서 살펴본 것처럼, 이 모든 목표를 동시에 이루는 일은 생각보다 쉽지 않습니다.

그래서 많은 블록체인 전문가들이 블록체인의 트릴레마 문제를 해결하기 위해 힘쓰고 있습니다. 먼저, 거래 속도를 높이기 위해 이더리움에서는 '레이어 2 솔루션'이라는 방법을 고안했는데요. 메인체인이라고 불리는 이더리움이나 비트코인 같은 기본 블록체인의 보안은 그대로 유지하면서, 레이어 2라는 메인체인 위에 존재하는 별도의 네트워크를 만들어서, 여기에 거래 내용(트랜잭션)만 따로 기록하고 처리하는 것이지요. 이렇게 되면 나중에 결과만 메인체인에 올리면 되어서 속도와 비용에 대한 부담을 줄일 수 있습니다. 레이어 2는 자체적으로 거래 기록을 관리하지만 중요한 정보나 최종 결과는 다시 레이어 1에 기록해서 보안을 유지하지요.

또 '샤딩(Sharding)'이라는 기술도 도입하고 있습니다. 샤딩은 거래 기록을 여러 조각으로 나눠서, 많은 컴퓨터가 동시에 나눠 처리하도록 만들어 속도를 빠르게 하지요.

이와 함께 블록체인 전문가들은 탈중앙화도 지키려고 노력합니다. 누구나 쉽게 네트워크에 참여할 수 있도록 컴퓨터 장비나 운영 비용을 낮추는 방법을 연구하고 있지요. 네트워크의 중요한 결정을 일부 사람만 할 수 없게 만드는 제도도 만들었고요. 즉, 블록체인 안에서 투표로 결정하는 시스템을 만들거나, 한 사람이 많은 권력을 가지지 않도록 투표 규칙을 바꾸기도 합니다. 이처럼 다양한 기술과 방법을 끊임없이 발전시키려 노력한다면, 많은 문제에도 불구하고 블록체인은 앞으로도 더욱 빠르고 안전하며 모두가 신뢰할 수 있는 디지털 세상을 만들어 갈 수 있겠지요.

오라클 문제를
해결하기 위해 고심하다

스마트 계약에서 일어나는 오라클 문제 역시 블록체인 기술이 갖는 모순 중 하나지요. 그래서 이 문제를 해결하기 위해, 블록체인 전문가들은 여러 시도를 하고 있습니다. 특히 '블록체인 개발자'들이 투표 방식, 중앙값 방식, 중간자 방식 같은 다양한 알고리즘을 만들었지요.

투표 방식은 여러 데이터 제공자가 정보를 제출하고, '오라클 노드 운영자'와 '데이터 엔지니어'가 이를 검증한 뒤 문제가 없으면 보상을 주는 방식입니다. 중앙값 방식은 다양한 출처에서 수집한 값 중 중앙값을 선택해 극단적인 오류값의 영향을 줄이고요. 중간자 방식은 날씨·금융 데이터 전문 기업으로부터 정보를 제공받는 형태인데, 이 경우 특정 기업에 의존하기 때문에 블록체인 전문가들이 별도로 참여해 탈중앙성을 높이는 장치를 마련하기도 합니다.

여러 출처에서 데이터를 모으고 자동으로 검증하는 분산형 오라클 네트워크도 블록체인 전문가들 덕분에 등장했습니다. 특히 '체인링크(Chainlink)'가 유명합니다. 체인링크는 전 세계 수천 개의 노드 운영자가 독립적으로 데이터를 제공합니다. 즉, 한 곳에서만 데이터를 받지 않고, 여러 독립된 컴퓨터(노드)가 같은 데이터를 동시에 보내지요. 그리고 여러

체인링크 로고

노드가 준 데이터를 비교해 일치하는 값을 선택합니다. 이상한 데이터가 섞여 있어도, 대다수가 동의한 값만 사용하니 정확도가 높아집니다. 무엇보다 노드 운영자들은 정확한 데이터를 제공해야 보상을 받기 때문에 정직하게 데이터를 제공하지요. 모든 데이터 기록과 검증 과정을 공개해서 누구나 확인할 수 있게 만들었습니다.

이 밖에도 여러 블록체인과 연동해 빠르고 저렴하게 데이터를 공급하는 '밴드 프로토콜(Band Protocol)'같은 플랫폼도 등장했는데요. 여기에는 다양한 네트워크 및 시스템에서 사용되는 통신 프로토콜을 설계, 개발, 테스트, 유지 관리하는 '프로토콜 엔지니어'나 '데이터 엔지니어' 등이 함께 하면서 외부 데이터의 정확성을 높이고,

더 알아보기

통신 프로토콜이란?

컴퓨터나 기기들이 서로 데이터를 주고받을 때 지켜야 하는 규칙과 약속을 말합니다. 예를 들어, 사람이 서로 다른 나라에서 편지를 주고받으려면 편지 봉투, 주소 쓰는 방식, 인사말 순서 등을 이해하고 맞춰야 하듯이, 컴퓨터도 데이터를 주고받을 때 일정한 규칙을 지켜야 서로 제대로 소통할 수 있지요.

블록체인 서비스가 안정적으로 작동할 수 있게 도와주지요.

블록체인의 안전을
책임지다

우리는 앞에서 계속 블록체인이 해킹에서 안전하다는 이야기를 했습니다. 물론 블록체인 자체는 안전합니다. 그런데 완전히 해킹이 불가능한 것은 아니지요. 예를 들어, 네트워크를 51% 이상 통제하는 사람이 나타나면 기록을 조작할 수 있는 위험이 생기기도 합니다. 물론 이런 공격은 매우 큰 비용과 노력이 필요해서 현실에서는 드물지만요.

문제는 블록체인 자체보다는 그 위에서 작동하는 스마트 계약이나 디앱의 코드에 버그가 있을 수 있다는 것입니다. 해커들이 이를 노릴 수 있지요. 또, 사용자의 암호 화폐 지갑의 비밀번호나 개인 키가 해킹, 피싱, 혹은 분실로 유출되면 누구나 그 자산을 빼낼 수 있어요. 실제로 유명한 암호 화폐 거래소에서 피싱 공격으로 고객들의 개인 키가 노출되어 큰 피해가 발생한 사례도 있었지요. 그래서 블록체인 전문가들은 해커가 디지털 자산을 멋대로 빼가는 것을 막기 위해, 스마트 계약 코드의 보안 취약점을 찾고 수정하는 스마트 계약 감사 작업을 하거나, 사용자의 지갑 보안을 강화하는 솔루션을 개발하는 등 이런 위험을 줄이기 위해 끊임없이 노력하고 있습니다.

그럼 이러한 블록체인 전문가는
어떻게 될 수 있을까?

대학에서 정보 공학, 암호학, 수학, 컴퓨터 공학, 소프트웨어 공학 등을 전공하면 좋습니다. 또, 데이터베이스와 네트워크 기술에 대한 이해도 필요합니다. 문제 해결 능력과 분석적 사고도 중요하며 꾸준한 학습과 실무 경험, 관련 자격증 취득도 중요하지요. 이와 함께 블록체인이 금융이나 거래 서비스 분야에서 주로 활용되는 만큼 금융이나 산업공학, 경영 및 경제 등에 대해 공부하는 것도 도움되겠지요.

무엇보다 블록체인 기술이 갖는 문제점들을 해결하기 위해서 단순한 기술적 접근을 넘어서는 창의적이고 혁신적인 상상력이 필요합니다. 기술적인 면에만 파고들지 않고, 자유롭고 다양한 관점에서 문제를 바라봐야 하는 것이지요. 실제로 체인링크를 창업한 세르게이 나자로프도 공학자가 아니라, 미국 뉴욕대학교에서 철학과 경영학을 전공한 사람이었거든요.

통합적 사고를 통해 다양한 분야의 전문가들과 협력할 수 있을 때, 블록체인은 진정한 가치를 발휘할 수 있을 것입니다. 이를 위해 블록체인 기술에 대한 기본 지식뿐 아니라 주변에서 일어나는 문제들에 관심을 갖고 다양한 블록체인 커뮤니티에 참여하며 경험을 쌓아 보는 건 어떨까요? 앞으로 여러분이 블록체인 전문가가 되어 더 나은 해결 방법들을 찾아 나갈 수 있기를 기대합니다.

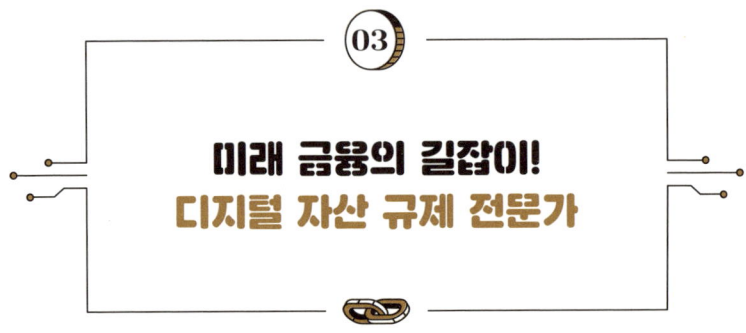

03

미래 금융의 길잡이!
디지털 자산 규제 전문가

과학 기술의 역사를 살펴보면, 빠른 과학 기술의 발전에 맞춰 법이나 제도가 따라오지 못해 여러 가지 문제가 있었습니다. 블록체인 기술도 마찬가지입니다. 특히 암호 화폐 시장은 새로운 암호 화폐가 쏟아져 나오는 속도에 비해 법과 제도가 제대로 갖춰지지 않아 불법적인 행동을 해도 처벌할 방법이 없었습니다. 익명성이 보장되기 때문에 범죄자들이 자금을 세탁하는 수단으로 암호 화폐를 이용하기도 하지만, 이를 막을 방법이 없었지요.

사기나 가격 조작도 쉬웠습니다. 투자가들을 모으기 위해 사기꾼들이 가짜 정보를 내세워도 법적으로는 아무 문제가 없었으니까요. 아무런 규제를 받지 않은 채 실제로는 있지도 않은 유령 회사를 세우고 대규모 투자를 유치한 뒤 파산하는 수법으로 돈만 챙겨서 달아나는 사례가 여럿 있었습니다.

법과 규제가 없어 무법 지대가 되어 버린 NFT 시장

NFT(Non-fungible token, 대체 불가능 토큰)란 블록체인 기술을 이용해서 디지털 자산의 소유자임을 증명하는 가상의 토큰(token)★을 말합니다. NFT는 복제나 해킹에 취약한 디지털 자산에 '소유권'을 부여할 수 있어서 사람들에게 큰 주목을 받았지요. 특히 명품 회사들이 실제 가방이나 시계 같은 실물 상품에 NFT를 붙여 소유권과 진품 인증을 디지털로 확인할 수 있는 증명서 역할을 하게 만들었습니다. 'NFT 보증서'로 제품의 고유 일련번호, 원산지, 소유자 증명 등을 나타내는 식으로요. 이렇게 하면 처음부터 끝까지 제품이 어떻게 어디로 이동했는지를 표시할 수 있어서 해당 명품의 전 소유자가 누구였는지, 몇 번이나 중고 거래가 있었는지 등을 파악할 수 있거든요.

★ 토큰(Token)
스스로 독립된 블록체인을 가지지 않고, 이더리움 같은 블록체인 네트워크를 스마트폰 운영체제(OS)처럼 활용하며, 그 시스템 위에서 특정 기능을 실행하는 '앱'과 같은 디지털 자산. 비트코인처럼 거래소에서 사고 팔 수 있으며, 특정 서비스에서 돈 대신 쓰거나, 나중에 코인이나 현금으로 바꿀 수 있는 교환권 역할을 하기도 한다.

여기에 코로나19의 팬데믹 시기 때 '메타버스'라는 가상 공간이 주목받으면서 NFT는 더욱 큰 화제가 됩니다. 특히 미술 시장에서 강세를 보였지요. 최초의 NFT가 2014년 '퀀텀'이라는 이미지 NFT였고요. NFT가 널리 알려진 계기도 미국의 디지털 아트 작가 비플(Beeple)이 2021년 3월 크리스티에서 '매일: 첫 5,000일(Everydays: The First 5,000 Days)'이라는 이미지에 NFT를 붙여 4만 2,329이더리움, 6,934만 달러로 당시 시가 기준 한화로 약 786억 원에 판매한 일이었거든요.

디지털 그림인데도 이렇게 큰돈으로 거래가 되자 NFT는 새로운 투자 자산으로 떠올랐습니다. 실제 미술 작품과 달리 디지털 아트는 복제될 위험이 있는데 NFT로 제작하면서 진짜 작품인지, 소유자가 누구인지를 입증할 수 있으니 사람들은 안심하고 투자할 수 있는 자산으로서 NFT에 관심을 가진 것입니다. 그러자 기업이나 방송국, 유명 작가나 영화 감독들이 NFT를 발행했고 구매자들은 대부분 경매로 작품을 낙찰받았지요.

그러나 팬데믹이 끝나면서 바깥 활동이 가능해지자 메타버스라는 가상 공간에 대한 흥미가 떨어지고 NFT에 대한 관심도 식었습니다. 자연스럽게 NFT의 판매량과 가격도 떨어졌지요. 얼마나 가격이 떨어졌냐면, 트위터 창업자인 잭 도시가 2006년에 보낸 최초 트윗이 팬데믹(2021년) 때는 290만 달러에 팔렸는데, 1년 뒤 팬데믹이 끝난 2022년엔 6800달러가 되었습니다. 상황이 이렇다 보니 큰 손실을 입은 사람들이 많았습니다. NFT를 믿을 수 없다는 불신이 팽배해졌지요.

그런데 디지털 자산에 대해 잘 모르는 중장년층이나 젊은 초보 투자자들을 노리는 NFT 투자 사기가 일어났습니다. 범죄자들은 미리 돈을 모아서 새 NFT를 만들거나 판매하겠다는 프로젝트를 그럴싸한 이름으로 내세워 투자자를 끌어들였지요. 범죄자들은 디지털 자산에 익숙하지 않은 중장년층이나 초보 투자자들에게 해당 NFT를 사면 가치가 오른다며 투자금을 모은 뒤, 돈이 충분히 쌓이면 자금을 빼돌리고 프로젝트를 종료한 후 사라졌습니다. 투자자들은 NFT를 아예 받지 못하거나, 받더라도 가치 없는 NFT만 받아서 큰 손해를 보게 되었습니다. 피해자들은 프로젝트에 들인 투자금을 전부 잃었지만 이와 관련된 법과 규제가 마련되지 않아 보상받기 힘들었지요. 물론 기술에는 잘못이 없습니다. 하지만 기술을 이용하는 사람들이 누구인지에 따라 과학 기술은 때로는 선물이, 때로는 재앙이 되기도 했던 거예요.

암호 화폐와 블록체인과 관련된 법과 규제를 마련하다

현재 각국 정부는 서둘러 암호 화폐나 블록체인과 관련한 규제를 마련하고 있습니다.

미국은 『증권법』을 적용하기로 했습니다. 암호 화폐나 NFT가 일부 투자 상품과 비슷한 성격을 띨 경우, 이를 증권으로 간주하겠다는 것이지요. 덕분에 미국에서는 블록체인 기술을 이용한 금융 상품에 대해 기존 증권법을 적용해 규제할 수 있습니다.

유럽연합은 암호 화폐 자산에 대한 규제안인 『가상자산 규제 기본법안』인 MiCA를 마련했습니다. MiCA는 암호 화폐나 NFT를 거래할 때 이용자 보호를 위해 거래소와 프로젝트에 엄격한 조건을 지킬 것을 요구하지요.

우리나라 역시 2021년 『특정금융거래정보의 보고 및 이용 등에 관한 법률』 즉, 특정금융정보법을 개정(기존 법 조항을 수정하는 일)했습니다. 암호 화폐나 NFT같은 디지털 자산 등을 '가상 자산'이라고 정의하고, 이러한 가상 자산을 다루는 업체가 반드시 정부에 신고를 하고 규제 받도록 하는 '가상 자산 사업자 신고제'를 만들었지요.

이어 2023년 6월에는 가상 자산 이용자를 보호하고 공정하지 않은 거래를 막기 위해 『가상자산 이용자 보호 등에 관한 법률』(가상자산법)을 제정했어요. 이 법은 NFT와 암호 화폐를 거래할 때 가격을 일부러 올리거나 내려서 시세를 조종하는 방식으로 이익을 얻거나, 회사 내부 정보를 이용해 거래하거나, 공개되지 않은 중요한 정보를 활용해서 거래하는 것을 금지했습니다. 이로써 투자자들이 안전하게 가상 자산을 거래할 수 있는 기반이 마련되었어요.

하지만 이렇게 법안을 발표하는 것으로 모든 것이 저절로 해결되지는 않습니다. 새 법안이 발표되면 이를 분석해 기업 정책과 서비스에 즉시 반영하도록 돕는 전문가들이 꼭 필요합니다. 그리고 이를 해결하는 사람들이 바로 디지털 자산 규제 전문가입니다.

디지털 자산 규제 전문가는
어떤 일을 할까?

디지털 자산 규제 전문가들은 블록체인 기술의 발전에 따른 새로운 법률이나 정책을 제안합니다. 각 나라의 블록체인 관련 법률과 규제를 분석하고, 기업이 법을 준수할 수 있도록 지원하지요. 특히, 암호 화폐나 디파이, NFT 등과 같은 디지털 자산이 안전하고 합법적으로 거래되도록 법적 기준을 세우고 검토합니다. 이런 과정에서 법률의 미비한 점을 찾고 개정안을 만드는 데 도움을 줍니다.

또, 블록체인은 탈중앙화된 기술이기 때문에 국경을 넘나들게 되지요. 그렇다 보니 국가 간 법적인 충돌이 일어날 수 있습니다. 디지털 자산 규제 전문가는 디지털 자산 관련 법, 금융 규제, 세금 제도 등을 연구하기도 해요. 그 덕분에 각 나라별 법률과 규제 차이를 이해하고 이러한 충돌을 중재하는 역할을 할 수 있습니다.

이를 위해 디지털 자산 규제 전문가는 블록체인이라는 기술을 이해하고 동시에 법률뿐 아니라 금융, 정책, 국제 규제에 대한 이해가 필요합니다.

디지털 자산 규제 전문가는
어떻게 될 수 있을까?

법학, 경제학, 경영학, 정보통신공학 등 관련 분야를 전공하면 유리하겠지요. 이후 법학전문대학원(로스쿨)을 다니며 계약법, 지적재산권법, 금융법, 국제법과 같은 블록체인과 관련된 법률 전반에 대해 연구하고요. 블록체인 기술의 기본 개념, 작동 원리, 스마트 계약 등에 대한 기술적인 이해를 높여야 합니다. 기술 구조와 암호화 방식 등을 알면 관련 법안을 제안해 나가는 데 큰 도움이 되기 때문입니다. 이를 위해 블록체인 관련 무료 강의나 자격증(IBM Blockchain Essentials, ConsenSys Academy)을 따면서 공부할 수 있습니다.

해외에는 뉴욕 대학교, 듀크 대학교, UC 버클리에서 블록체인 및 핀테크 법률을 중점적으로 다루는 수업을 운영합니다. MIT, 스탠퍼드 등에서도 블록체인과 법률에 특화된 프로그램이나 단기 과정을 진행하고 있습니다. 온라인 블록체인 기초 강좌(Coursera, edX, K-MOOC)에서도 비슷한 수업을 들을 수 있지요. 우리나라에서도 서울대학교, 고려대학교 등 일부 법학전문대학원에 블록체인 및 핀테크 법률 과목이 있습니다.

그리고 암호 화폐와 블록체인 기술이 핀테크 등 금융 분야와 밀접하게 연결되어 있기 때문에 금융 관련 공부도 중요합니다. 핀테크 기업이나 블록체인 관련 스타트업, 기술 회사에서 인턴십을 하는 경험도 도움이 되겠지요. 특히 암호 화폐 거래소, 블록체인 연구소 등에서는 실무를 통해 규제 준수와 관련된 경험을 쌓을 수 있습니다.

　디지털 자산 규제 전문가는 아직은 혼란스럽기만 한 디지털 자산이 미래 금융에 제대로 자리 잡도록 도와줄 길잡이 역할을 해줍니다. 따라서 기술과 법을 모두 이해하고, 국제 금융 흐름에도 민감하게 대응할 수 있는 눈을 키우는 게 중요합니다. 블록체인이라는 과학 기술과 디지털 자산이 미래 금융 세상에 올바르게 정착될 수 있도록 도와줄 여러분을 기대해 보겠습니다.

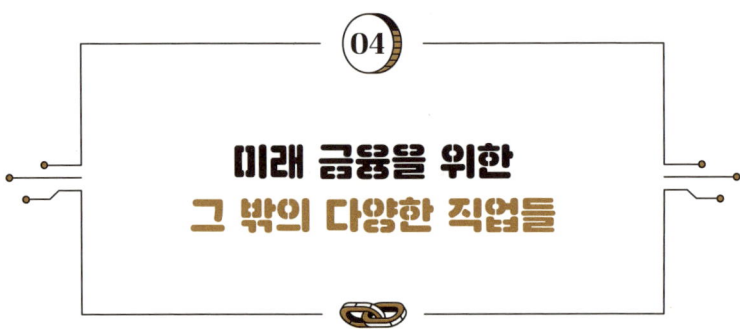

미래 금융을 위한
그 밖의 다양한 직업들

은행 사무원이나 증권가 트레이더, 펀드매니저, 애널리스트, 금융 상품 개발자, 재무 분석가, 투자 자문가 등이 금융 직업의 전부였던 시대는 저물고 있지요. 블록체인, 인공지능, 암호 화폐 같은 기술이 빠르게 발전하면서, 돈을 만들고 관리하는 방식이 완전히 새로워지고 있으니까요.

특히 앞서 설명했던 소버린 AI와 스테이블코인의 등장이 이러한 시대를 더욱 빠르게 열고 있습니다. 그렇다면 미래 금융을 더욱 편리하고 안전하게 만들어 갈 주인공들은 누구일까요?

안전한 디지털 자산을 만드는 사람들

우선 스테이블코인을 발행하고 거래할 수 있는 시스템을 설계하고 코드를 작성할 수 있는 '코인 개발자'가 필요합니다. 스테이블코인 개발자들은 블록체인 위에 새로운 토큰을 만들거나, 거래 기록을 안전하게 저장하는 기능을 만들지요. 그리고 여기에는 '스마트 계약 엔지니어'도 함께합니다. 이들은 스마트 계약을 개발하고 유지, 보수하는 전문가이기 때문이지요. 코인 개발자가 만든 코인을 누군가 보내면 주로 이더리움과 같은 블록체인 플랫폼에서 자동으로 이자가 계산되거나, 조건을 만족할 때만 거래가 성립되게 설정하는 일을 하니까요. 이와 함께 스마트 계약의 보안 취약점을 분석하고 개선하는 역할도 담당하지요.

아울러 '토큰 경제 디자이너'도 앞으로 더 필요합니다. 이들은 코인의 경제 구조를 설계하는 사람들입니다. 코인의 가치를 어떻게 유지할지, 얼마나 발행할지, 사용자들에게 어떤 보상을 줄지를 결정하지요. 특히 스테이블코인이 1달러와 같은 가치를 계속 유지하도록 설계하거나, 참여자가 많아질수록 코인의 활용도가 높아지도록 올바른 구조를 만듭니다.

기술과 법을 잇는 살아 있는 가교, 블록체인 법률가

블록체인 법률가는 변호사나 변리사로서, 블록체인 기업 및 스타트업에게 법적인 자문을 하는 일을 합니다. 스마트 계약의 내용이 법적으로 유효한지 검토하고, 필요한 경우 계약의 수정을 지원합니다. 블록체인과 관련된 법적 분쟁이 일어날 경우 중재나 소송을 통해 분쟁을 해결하는 역할도 하지요. 또한 기업들이 규제를 준수할 수 있도록 돕고 일반 사람들이 투자 사기를 당하지 않도록 방지하며, 콘텐츠의 지적 재산권을 보호하는 일에도 앞장섭니다.

이 밖에 디지털 자산이나 암호 화폐 관련 법률을 분석해 기업이 준수해야 할 규칙을 정리하기도 합니다. 또, 가상 자산 거래소나 블록체인 스타트업, 은행, 투자사 같은 고객에게 어떤 절차를 거쳐야 법적으로 안전한지 자문해 주는 일도 하고요. 암호 화폐 등 디지털 자산이 불법 자금 세탁이나 테러자금 조달에 쓰이지 않도록 사전에 차단할 수 있는 방안을 마련하는 역할도 합니다. 가상 자산 사기, 해킹 피해 등의 소송 대리도 맡지요. 특허나 저작권, 지적재산권 분쟁 처리와 함께 토큰 발행 관련 법적 문서도 작성하지요. 한마디로 블록체인 법률가는 블록체인 기술과 법을 잇는 살아 있는 가교라고 할 수 있습니다.

블록체인이 미래 금융을
책임질 수 있게 도와줄 인공지능 전문가들

소버린 AI와 블록체인 기술이 만나면 우리나라가 만든 AI가 블록체인 위에서 안전하게 돈을 보내고 계약도 자동으로 처리할 수 있어요. 미래에 '원화 기반 스테이블코인'을 블록체인에 올리고, 한국형 소버린 AI가 관리하게 된다면, 우리나라는 금융 거래와 AI 작업을 모두 국내에서 관리하면서 외국 플랫폼에 의존하지 않고 디지털 경제를 운영할 수 있을 것입니다. 이렇게 하면 해외에서도 안전하게 돈을 쓸 수 있으면서, 중요한 정보들은 우리나라 안에서 잘 지킬 수 있습니다.

이러한 소버린 AI를 제대로 만들기 위해서는 'AI 모델 개발자'가 매우 중요합니다. AI 모델 개발자는 각 국가의 언어, 문화, 법규에 맞는 인공지능을 설계하고 학습시키는 일을 하지요. 덕분에 우리나라를 위한 소버린 AI에서 한국어 챗봇이나 공공기관 전용 AI 서비스를 만들 수도 있습니다.

'AI 데이터 큐레이터'는 이러한 AI 모델 개발자를 도와서 AI가 학습할 데이터를 모으고, 깨끗하게 정리하는 일을 합니다. 잘못된 데이터가 들어가면 AI는 오답을 냅니다. 그래서 데이터 품질 관리를 하는 AI 데이터 큐레이터의 역할은 앞으로도 점점 많아질 거예요.

이와 함께 'AI 윤리·보안 전문가'도 필요합니다. 이들은 AI가 개인정보를 안전하게 지키고, 편향되거나 위험한 결과를 내지 않도록 감시합니다. AI가 사용자의 민감한 정보를 무단으로 저장하지 않도록 설계하는 일을 하지요.

마지막으로 'AI 거버넌스 기획자'도 중요해요. AI 거버넌스 기획자는 국가 차원의 AI 전략을 세웁니다. 또, 외국 기업 기술에만 의존하지 않고 자국 AI 생태계, 즉 소버린 AI를 제대로 키울 수 있도록 정책과 제도를 기획하지요.

그리고 이런 직업을 가지려면 프로그래밍뿐 아니라 수학, 윤리, 경제, 법률 같은 지식이 다방면으로 필요합니다. 하지만 이러한 단편적인 지식보다 더 필요한 것은 바로 기술이 사회에 어떤 영향을 주는지 이해하고, 이를 바람직하게 활용할 방법을 고민하는 능력이지요. 이런 통합적인 사고와 책임감이야말로 미래 금융 시대를 이끌어 갈 진정한 전문가가 되는 열쇠니까요.

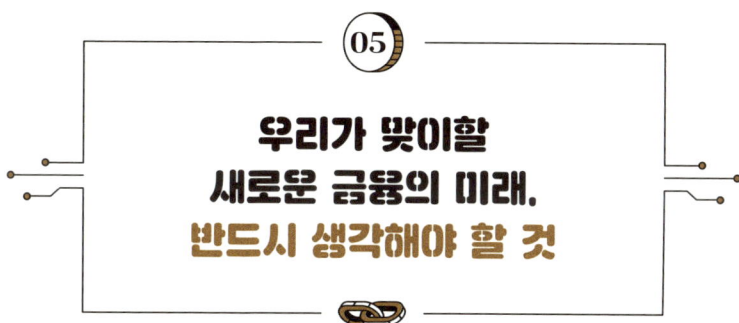

우리가 맞이할 새로운 금융의 미래, 반드시 생각해야 할 것

현재의 법정 화폐인 현금이 완전히 사라지는 날이 온다면 우리는 어떤 세상을 살게 될까요?

이 질문은 더 이상 먼 미래 공상 과학 이야기가 아닙니다. 우리는 이미 그 변화의 한복판에 서 있지요. 실제로도 지금 현금 시대의 끝을 지나고 있는지도 모릅니다. 물건을 사거나 돈을 주고받을 때 스마트폰을 켜고 '삑' 한 번이면 끝나는 것은 이제 너무나 익숙한 일상이 되었으니까요. 각종 페이 덕분에 줄을 서서 계산하거나 돈을 잃어버릴 걱정도 줄어들었지요. 친한 친구끼리 밥값을 나눌 때도 스마트폰으로 서로 송금하면 간단하게 정산할 수 있고요. 디지털 화폐가 거래의 중심이 되는, 지갑이 필요 없는 편리한 시대가 된 것입니다.

하지만 우리가 마주할 진짜 변화는 단순히 결제가 편해지는 것, 그 이상일 것입니다. 모든 화폐가 블록체인 기술과 만나게 되면, 우리는 곧바로 '돈이 스스로 일하는' 스마트한 세상에 살게 될 테니까요. 블록체인 기반에서는 물건을 살 때 단순히 결제만 이루어지지 않습니다. 블록체인 기반의 디지털 화폐는 프로그래밍이 가능하기 때문입니다. 예를 들어 부모님이 주신 용돈에 '학원비'와 '서점'이라는 조건을 설정해두면, 해당 목적 외에는 결제가 되지 않도록 안전하게 관리할 수 있습니다. 붕어빵 하나를 사는 작은 거래에서도 내가 낸 돈이 누구에게 전달됐는지, 각자 내는 세금은 어떻게 처리되는지가 투명하게 기록됩니다. 거래의 흐름이 명확해지면서, 신뢰를 전제로 한 경제 활동이 가능해지고요.

무엇보다 금융의 주인이 '나'로 바뀝니다. 은행이라는 거대한 건물에 가지 않아도, 내 스마트폰 속 블록체인 지갑이 곧 나만의 안전한 금고이자 은행의 역할을 하게 되니까요. 코인이나 디지털 콘텐츠 사용권과 같은 디지털 자산은 물론, 향후에는 개인 데이터까지도 누구에게 맡기지 않고 전 세계 사람들과 직접 P2P 방식으로 거래하고 투자할 수 있습니다. 해외에 있는 창작자의 콘텐츠를 중개 수수료 없이 바로 구매하거나, 전 세계 투자자들과 하나의 프로젝트에 참여하는 일 역시 자연스러운 선택지가 됩니다. 이는 단순히 은행이 사라진다는 의미를 넘어섭니다. 내 돈을 내가 직접 통제하고 관리할 수 있는 금융 주권이 개인에게 돌아오는 변화이지요. 모든 금융 활동의 중심에 개인이 서게 되는 새로운 시대가 열리는 것입니다.

현금이 사라진 세상을
대비할 수 있을까?

이미 기술은 멈추지 않고 발전하고 있습니다. 특히 블록체인은 은행 같은 중앙 중개 기관을 거치지 않고도 개인과 개인이 직접 자산을 안전하게 주고받을 수 있는 새로운 금융 표준을 제시했지요.

물론 아직 해결해야 할 기술적 과제들이 남아 있지만, 이를 하나씩 극복하며 시스템이 더욱 정교해진다면 블록체인은 지금보다 훨씬 강력한 신뢰 기반이 될 것입니다. 모든 거래가 투명하게 기록되면서도 위변조가 불가능해지고, 거래에 들어가는 비용과 시간은 획기적으로 줄어들 테니까요. 이렇게 되면 전 세계 어디서든, 심지어 은행 계좌조차 가질 수 없었던 금융 소외 지역의 사람들까지도 자유롭게 경제 활동에 참여하는 금융 민주화가 실현되겠지요.

하지만 이런 낙관적인 미래를 이루려면 몇 가지 중요한 점을 잊지 않고 계속 고민해야 합니다. 블록체인 기술을 기반으로 한 다양한 디지털 화폐와 결제 시스템은 앞으로도 계속 발전하고 확대될 것입니다. 특히 가격 변동성을 줄인 스테이블코인 같은 형태도 늘어나면서, 기존 은행과 금융 시스템을 보완하고 오히려 강화하는 역할을 맡을 수도 있겠지요.

그런데 이때 기술에 대한 윤리적 고민이나 제도의 규제 없이 시장의 힘을 그대로 방치하면 어떤 일이 벌어질까요? 테더나 이더리움처럼 전 세계에서 많이 쓰이는 큰 플랫폼을 이용하는 사람들이 점점 늘어나겠지요. 큰 플랫폼에서 만들어지는 암호 화폐는 안정성이 높고 편리합니다. 이미 수많은 컴퓨터가 거래를 검증하고 기록하니 해킹당할 위험이 적고, 지갑이나 결제 같은 기본 도구도 잘 갖춰져 있기 때문입니다. 또 많은 사람이 이미 쓰고 있어서 거래도 활발하게 일어나고요. 하지만 일부 거대 암호 화폐 발행자와 운영자, 결제 기술 제공자가 금융 시장을 지배하게 될 수도 있을 것입니다.

암호 화폐는 중앙의 개입이 필요 없는 교환 수단으로 쓰이기 위해 만들어졌습니다. 그런 암호 화폐 중 하나가 금융 시장을 지배하게 된다면? 과거와 다를 것이 없게 됩니다. 아니, 더 안 좋아질 수 있습니다. 국민을 위해 손해를 감수하는 국가와 달리 기업은 자신의 이익을 추구하니까요.

블록체인은 저신용자나 저소득자처럼 금융 약자는 물론이고 누구나 자신에게 맞는 맞춤형 상품을 자유롭게 이용할 수 있다는 '탈중앙화 금융'의 꿈을 실현시킬 잠재력을 아직 가지고 있습니다. 그래서 우리는 이 기술이 특정 국가나 거대 금융 회사 등 '일부의 이익'을 위해 발전하는 모습을 그저 지켜보기만 하면 안 됩니다. 디지털 경제가 처음 의도한 대로 제대로 작동할 수 있을지 함께 살피고, 최대한 올바르게 사용될 수 있는 방안을 늘 고민해야 하지요.

돈의 미래,
우리가 지금 준비해야 할 것들

지금 우리는 단순히 돈을 '어디에 쓸까'가 아니라, '누가 만들고, 누가 통제할 것인가'에 대한 질문에 답해야 하는 시대에 살고 있습니다. 화폐와 금융을 운영하는 주체가 국가에서 민간 기업으로, 그리고 AI 기술을 통해 점점 다양해지고 있는 지금, 이 변화는 단순히 새로운 결제 수단이 나오는 걸 넘어서 '돈이란 무엇인가'를 다시 묻게 만듭니다.

결국 미래의 디지털 금융 세상은 지갑이 사라지는 것이 아니라, 돈과 사회의 관계 자체가 근본적으로 달라지는 일일 것입니다. 우리는 이런 변화에 맞춰 기술을 이해하고, 그에 맞는 새로운 사고방식과 준비를 갖춰야 할 것입니다. 앞으로 디지털 금융 시대에는 누가 돈을 만들고, 그 돈이 어떤 원리로 돌아가는지를 이해하는 게 지금보다 훨씬 더 중요해질 테니까요.

에스와르 프라사드는 그의 저서인 『화폐의 미래』에서 "결국 기술은 인간의 본성을 당해낼 수 없다"고 말합니다. 하지만 과학 기술이 여러분의 손에서 이기적인 인간의 본성을 이겨 내고 인류 모두에게 혜택으로 돌아갈 수 있기를. 특히 경제적으로 소외된 가난한 사람들의 상황을 개선하는 데 사용되기를. 여러분이 만들어 갈 미래에는 기술이 세상을 이롭게 만드는 데 활용될 수 있기를 조심히 바라봅니다.

참고
문헌

- ♦『화폐경제학』밀턴 프리드먼, 김병주 역, 한국경제신문, 2024년
- ♦『블록체인 혁명』돈 탭스콧, 알렉스 탭스콧, 박지훈 역, 박성준 감수, 을유출판 사, 2018년
- ♦『크로스 사이언스』홍성욱 글, 21세기 북스, 2019년
- ♦『하룻밤에 읽는 블록체인』정민아, 마크 게이츠, 블루페가수스, 2018년
- ♦『만화로 배우는 블록체인』윤진 글, 이솔 그림, 웨일북스, 2018년
- ♦『비파괴적 신뢰혁명 기술 블록체인』로랑 를루, 김세은 역, 북플러스, 2018년
- ♦『블록체인 무엇인가』다니엘 드레서, 이병욱 역, 이지스퍼블리싱, 2018년
- ♦『오늘부터 경제수업』한재민, 프리즘(스노우폭스북스), 2024년
- ♦『50대 사건으로 보는 돈의 역사』홍춘욱, 로크미디어, 2019년
- ♦『금리의 역사』리처드 실라, 시드니 호머, 이은주 역, 홍춘욱 감수, 리딩리더, 2011년
- ♦『금융의 제왕』리아콰트 아메드, 조윤정 역, 다른세상, 2010년
- ♦『비트코인에 가려진 세상 이더리움』, 코인 트레이너, 지식오름, 2022년
- ♦『블록체인 시대의 법과 제도 코드가 지배하는 세상이 온다』프리마베라 드 필리 피, 아론 라이트, 정승민, 유정한, 구동균, 박성철, 이소영 역, 미래의 창, 2020년

♦ 『읽고 쓰고 소유하다』 크리스 딕슨, 김의석 역, 어크로스, 2024년

♦ 『슈퍼 체인지』 화이트독, BMK(비엠케이), 2025년

♦ 『Cryptoassets』 Chris Burniske and Jack Tatar, McGraw-Hill, 2017년

♦ 『The Book of Satoshi』 Phil Champagne, E53 Publishing LLC, 2014년

♦ 『The Basics of Bitcoins and Blockchains』 Antony Lewis, Mango 2018년

♦ 『The Blockchain Developer』 Elad Elrom, Apress, 2019년

♦ 이루다·임좌상, 「블록체인을 활용한 전자투표 시스템 구축」 한국정보통신학회 논문지 Vol. 23, No. 1: 103~110, 2017년

♦ 안명구, 박용석, 「블록체인의 법률체계와 국내외 블록체인 법제 현황 -산업 활성화를 중심으로-」 한국디지털정책학회 vol.17, no.10, pp. 67-75, 2019년

♦ 기사: '[SCOOP 질문] 헐값 된 최초 트윗, NFT는 정말 거품일까', 더스쿠프, 2022년 05월 06일 https://www.thescoop.co.kr/news/articleView. html?idxno=54243

원문: 하버드 비즈니스 리뷰 The truth about Blockchain

♦ 기사 : 오늘날의 자본주의가 있기까지, KDI, 2023년 9호 https://eiec.kdi. re.kr/material/pageoneView.do?idx=1755